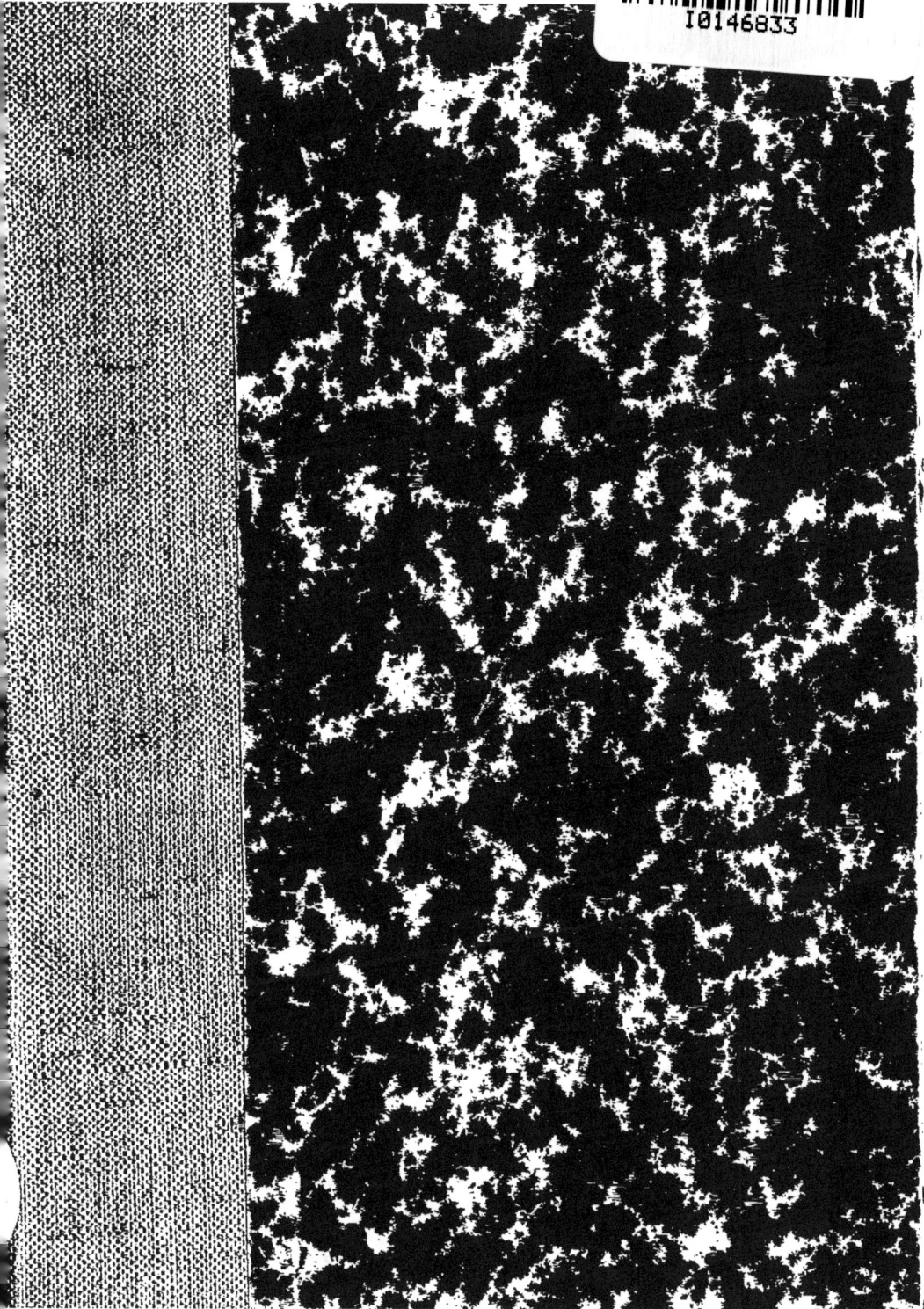

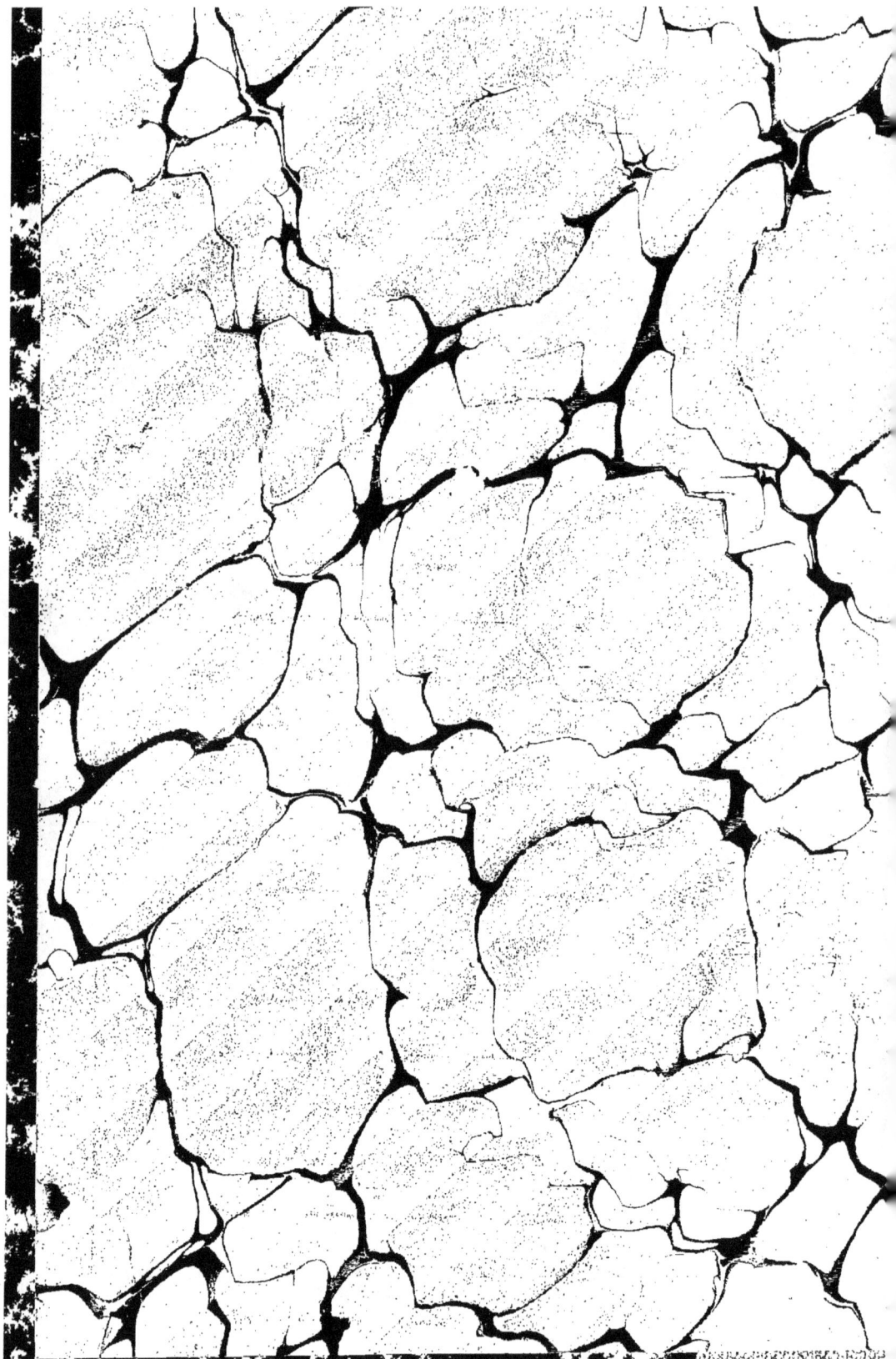

DESCRIPTION

DE

NOTRE-DAME

CATHÉDRALE DE PARIS.

PARIS. — IMPRIMÉ CHEZ BONAVENTURE ET DUCESSOIS
QUAI DES AUGUSTINS, 55, PRÈS DU PONT-NEUF.

DESCRIPTION

DE

NOTRE-DAME

CATHÉDRALE DE PARIS

PAR

M. DE GUILHERMY

Membre du Comité de la langue, de l'histoire et des arts de la France
et de la Commission des édifices religieux :

ET

M. VIOLLET-LE-DUC

Architecte du Gouvernement

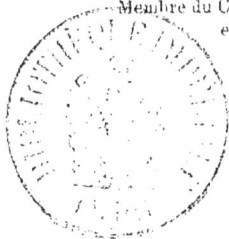

DÉDIÉ A MONSEIGNEUR L'ARCHEVÊQUE DE PARIS

PARIS

LIBRAIRIE D'ARCHITECTURE DE BANCE,

13, RUE BONAPARTE,

En face de l'École des Beaux-Arts

1856

A MONSEIGNEUR SIBOUR

ARCHEVÊQUE DE PARIS.

Monseigneur,

Au moment où les importants travaux, entrepris dans le but de rétablir la cathédrale de Paris dans son antique splendeur, avancent vers leur terme, nous avons cru qu'il serait opportun de faire paraître une Notice exacte sur l'histoire, la structure et l'ornementation de ce magnifique monument. Notre première pensée devait être de placer ce travail sous le patronage de Votre Grandeur. Nous nous sommes efforcé de rendre sensible tout ce qu'il y a de science, d'art, de goût dans l'ensemble comme dans les détails infinis de cette église à la conservation de laquelle Vos illustres prédécesseurs ont veillé avec tant de sollicitude, et dont la restauration complète sera une des gloires de votre pontificat.

En nous permettant d'inscrire son nom en tête de notre publication, Votre Grandeur montre assez l'intérêt qu'elle porte à tout ce qui peut faire connaître les beautés du monument que nous avons décrit ; c'est pour nous un encouragement dont nous apprécions toute la valeur.

Nous sommes avec le plus profond respect,

Monseigneur,

De Votre Grandeur,

Les très-humbles et très-obéissants serviteurs,

B^{on} DE GUILHERMY,   VIOLLET-LE-DUC.

TABLE.

FIN DE LA TABLE.

DESCRIPTION

DE

NOTRE-DAME

(CATHÉDRALE DE PARIS).

Nous savons, par la vie de saint Marcel, qu'une église
existait déjà dans la Cité de Paris, sur le bord de la Seine,
et vers la pointe de l'île, du côté de l'orient, à la fin du
IVe siècle. Cette antique cathédrale fut sans doute reconstruite par la pieuse munificence du roi Childebert Ier. Car
il serait difficile d'admettre que les premiers chrétiens de
Paris eussent élevé un monument aussi considérable que
l'église épiscopale qui existait du temps de ce prince, et
dont Fortunat nous a transmis une poétique description.
La basilique était splendide et soutenue par des colonnes
de marbre ; ses fenêtres, garnies d'une clôture de verre,
recevaient les premiers rayons du jour ; ses lambris et ses

1

murs brillaient du plus vif éclat. Prêtre et roi, comme un autre Melchisedech, Childebert avait voulu enrichir de ses dons ce temple magnifique, pour le bien de ses sujets et pour la gloire de l'Église.

Fortunat célèbre aussi la gravité du clergé de Paris et les mérites du saint évêque Germain, qui, les mains levées au ciel, appelait sur son peuple, ainsi qu'un nouveau Moïse, les bénédictions divines.

Une circonstance inattendue est venue récemment confirmer le récit de Fortunat. En 1847, des fouilles entreprises sur la place du Parvis avaient amené la découverte de quelques substructions de la basilique de Childebert, ensevelies sous le sol depuis dix siècles peut-être. Les fondations de cet édifice se confondaient avec celles de plusieurs maisons romaines qu'on avait certainement rasées pour lui faire un emplacement convenable. On retrouva une partie de la mosaïque en petits cubes de marbre de diverses couleurs qui servait de pavé aux nefs de l'église, trois de ses colonnes en marbre d'Aquitaine, vulgairement appelé *grand antique*, et un grand chapiteau corinthien de marbre blanc qui présentait tous les caractères de la sculpture mérovingienne. Les colonnes ont été relevées au milieu de la grande salle des Thermes; elles ne sont pas entières; mais leurs dimensions n'en révèlent pas moins l'importance de l'édifice dont elles faisaient partie. La plus complète des trois, qui a conservé son astragale, a reçu pour couronnement le chapiteau d'ordre corinthien qu'elle portait peut-être il y a plus de treize siècles. D'autres fragments de colonnes absolument semblables, et provenant sans aucun doute du même édifice, ont été reconnus dans le cours des travaux qui ont mis à nu une partie des substructions des murs latéraux de la cathédrale actuelle au nord et au midi. L'étude des monuments chrétiens des premiers siècles qui sont restés debout à Rome et dans d'autres villes de l'Italie, nous permet de nous faire une idée assez exacte de la disposition et même de la décoration de cette basilique mérovingienne. La chrétienté tout entière recevait alors de Rome, avec les enseignements de la foi, les formules de l'art et jusqu'aux symboles sous lesquels on pouvait produire les choses saintes devant les yeux des fidèles. L'église de Childebert offrait donc les caractères essentiels du style latin. C'est ainsi que nous pourrions croire extraite des catacombes de Sainte-Agnès ou de Saint-Sébastien cette inscription trouvée dans le quartier Saint-Marcel, à Paris, qui date à peu près du ve siècle, et qui est maintenant placée à la Bibliothèque impériale. Consacré par Vitalis à sa très-douce épouse Barbara, qui vécut vingt-trois ans cinq mois et vingt-huit jours, ce petit monument présente, gravés sur la pierre, les deux colombes avec des rameaux dans le bec, et au milieu d'une couronne de lauriers le monogramme du Christ entre *l'alpha* et *l'oméga*.

Nous nous perdrions en conjectures inutiles si nous tentions de chercher quel fut le sort de la basilique de Childebert dans le long intervalle qui sépare le vi^e siècle du xiie. Il résulte assez clairement du rapprochement de plusieurs textes très-anciens, tels que ceux de Grégoire de Tours et d'Aymoin, que, dès la fin du vi^e siècle déjà, la cathédrale de Paris se composait de deux édifices, très-voisins l'un de l'autre, mais parfaitement distincts, l'un du titre de Saint-Étienne, et le plus important, situé vers la partie méridionale de l'église actuelle ; l'autre du titre de Sainte-Marie, placé un peu plus à l'orient et vers le nord. Une tradition très-incertaine attribue à l'évêque Erchenrad 1er, qui siégeait du temps de Charlemagne, des travaux de constructions dans sa cathédrale. En 829, le célèbre concile de Paris s'assembla dans la nef de Saint-Étienne, comme le prouvent ses actes qui nous ont été conservés. L'église de Sainte-Marie fut incendiée par les Normands en 857, l'évêque Énée n'ayant pu racheter du pillage que celle de Saint-Étienne. Au xiie siècle, l'archidiacre Étienne de Garlande, qui mourut en 1142, fit faire des réparations importantes à l'église de la Vierge, et Suger, le grand abbé de Saint-Denis, donna pour la décorer un vitrail d'une remarquable beauté. Des ouvrages exécutés du temps d'Étienne de Garlande, il ne reste plus que les bas-reliefs du tympan, et une portion des voussures de la porte Sainte-Anne, replacés au commencement du xiiie siècle, lorsqu'on construisit la façade actuelle ; probablement parce que ces sculptures semblèrent trop remarquables pour être détruites. C'était d'ailleurs un usage assez ordinaire, au moment où l'on reconstruisit les grandes cathédrales françaises, de conserver un souvenir des édifices primitifs. Les premiers rois capétiens se rendaient fréquemment à l'église Sainte-Marie, qu'on appelait alors *nova ecclesia*, par opposition à celle de Saint-Étienne, qui était beaucoup plus ancienne. Les fouilles de la sacristie neuve de Notre-Dame ont laissé voir en partie le plan d'un édifice religieux qui ne pouvait guère être autre chose que celui de Saint-Étienne, modifié et remanié dans la suite des temps. La portion visible des fondations a dû faire supposer que l'abside de ce monument n'avait guère plus de 8 à 9 mètres de diamètre.

Nous sortons enfin de ce que nous pourrions appeler l'ère des fictions, et nous touchons, pour Notre-Dame, aux époques vraiment historiques. Le soixante-deuxième successeur de saint Denis, Maurice de Sully, un des habiles prélats qui aient gouverné l'Église de Paris (1160-1196), était à peine monté sur le siège épiscopal, qu'il résolut de reconstruire sa cathédrale, en réunissant les deux églises jusqu'alors séparées. Ce fut lui, disait l'épitaphe gravée sur son tombeau dans l'église abbatiale de Saint-Victor, qui le premier commença la grande basilique de Sainte-Marie. Le plan qu'il avait entrepris d'exécuter n'était guère inférieur en étendue à celui de la cathédrale dans l'état où nous la voyons. Suivant le récit du moine d'Auxerre, la première pierre de la nouvelle église aurait été posée en 1163, par le pape Alexandre III. Ce pontife était, en effet, alors réfugié en France, et le 21 avril de la même année, à la prière de l'abbé Hugues de Monceaux, il consacra l'abside récemment reconstruite de Saint-Germain des Prés, avec l'assistance de douze cardinaux. Au bout de dix-neuf années, en 1182, quatre jours après la solennité de la Pentecôte, le maître autel de Notre-Dame fut consacré par Henri, légat du saint-siége. Trois ans plus tard, en 1185, le patriarche de Jérusalem, Héraclius, venu à Paris pour prêcher une troisième croisade, officia dans le chœur de la cathédrale. L'évêque Maurice fit ensevelir devant le maître autel Geoffroi, comte de Bretagne, fils du roi d'Angleterre, Henri II, mort à Paris, le 19 août 1186. La reine Isabelle de Hainaut, femme de Philippe-Auguste, reçut à la fin du XIIᵉ siècle la sépulture dans le même lieu. Lorsque Maurice de Sully mourut, en 1196, il laissa cinq mille livres pour faire au chœur une toiture de plomb. L'abside devait être terminée depuis plusieurs années et la nef elle-même en bon état de construction. Les fondations n'étaient pas établies sur pilotis, comme le veut une tradition fort répandue, mais bien sur de robustes assises, en pierres dures, ainsi que l'ont constaté les fouilles faites à deux reprises différentes dans le siècle dernier, et depuis peu, jusqu'à une grande profondeur.

Les travaux continuèrent sans doute sous le gouvernement du successeur de Maurice, Eude de Sully (1197-1208). Mais la grande façade occidentale ne fut commencée que vers la fin de l'épiscopat de Pierre de Nemours, qui siégea de 1208 à 1219. D'après le martyrologe de l'église de Paris cité par l'abbé Lebeuf, on détruisit, vers 1218, les restes de la vieille église de Saint-Étienne, qui faisaient obstacle au développement de la partie méridionale et de la façade de Notre-Dame. On trouva dans la démolition des reliques importantes, entre autres quelques pierres de la lapidation du saint martyr, qui furent portées le 4 décembre dans l'église neuve. A la mort de Philippe-Auguste, en 1223, le portail était achevé jusqu'à la base de la grande galerie à jour qui réunit les deux tours. Il y eut évidem-

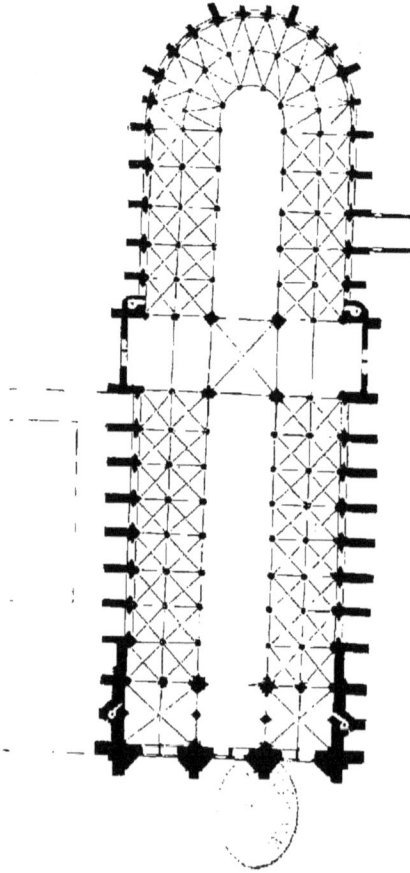

Plan de Notre-Dame de Paris (1250).

ment, à cette époque, une interruption dans les travaux ;
le style du sommet de la façade et la nature des matériaux
employés ne peuvent faire douter que les tours, avec la
grande galerie qui enceint leurs bases, aient été élevées,
vers 1235, fort rapidement. Alors la cathédrale était complétement terminée, sauf les flèches qui devaient surmon-
ter les deux tours.

Cette vaste église était alors dépourvue de chapelles, ou,
s'il en existait, elles n'étaient qu'au nombre de trois, fort
petites, et situées derrière l'abside ; car on a retrouvé la
corniche extérieure du double bas-côté sur presque tous les
points de la circonférence de ce double bas-côté absidal ;
ces chapelles ne pouvaient donc être percées qu'au-dessous
de cette corniche, et, par conséquent, n'occuper qu'une
faible hauteur et un petit espace. On pourrait croire plutôt
que trois autels étaient placés contre la paroi de ce double
bas-côté ; l'un dédié à la Vierge, l'autre à saint Étienne, et
le troisième à la Sainte-Trinité. Mais ce qu'on avait voulu
surtout obtenir en traçant ce plan si simple, c'était un
grand espace pour contenir le clergé et la foule, devant
et autour de l'autel principal placé au centre du sanctuaire.

Ce n'était pas assez de la vaste surface couverte à rez-de-
chaussée par les constructions : une large galerie pour-
tourne l'église au-dessus du collatéral intérieur ; on y
arrive par quatre grands escaliers à vis, d'un emmarche-
ment d'un mètre cinquante centimètres environ. Alors ces
galeries supérieures étaient autant destinées à contenir la
foule qu'à projeter une grande lumière dans le vaisseau

central au moyen de larges et hautes fenêtres ouvertes au
milieu des travées. Les fenêtres supérieures qui éclairaient
la voûte étaient beaucoup plus petites qu'elles ne le sont
aujourd'hui, et entre leur appui et l'archivolte de la galerie,
des roses s'ouvraient sous le comble de ces galeries. On
peut voir les restes de cette disposition primitive dans la
première travée de la nef ; elle a d'ailleurs été rétablie autant par suite de nécessités de constructions, que pour
conserver la trace du monument primitif dans la partie
occidentale des deux transsepts.

Malheureusement, cette église reçut très-promptement
d'importantes modifications qui sont venues en altérer le
caractère simple et grandiose. De 1235 à 1240, un incendie, dont l'histoire ne fait nulle mention, mais dont les
traces sont visibles sur le monument, détruisit les charpentes supérieures et les combles des galeries de la cathédrale ; les meneaux des roses percées sous les appuis des
fenêtres supérieures et qui éclairaient les combles de ces
galeries furent calcinées ainsi que les bahuts, pinacles et
corniches supérieures sous le grand comble. Avant cet
incendie, les grands arcs-boutants de la nef et du chœur
étaient construits à double volée, c'est-à-dire qu'au lieu de
franchir l'espace compris entre les contreforts et les voûtes
par une seule courbe, ils se composaient de deux portions
d'arc avec une pile intermédiaire. L'incendie dont nous
venons de parler dut également endommager la seconde
volée des arcs-boutants primitifs. A cette époque, d'autres
cathédrales avaient été élevées et on les avait percées de
fenêtres plus grandes, garnies de brillants vitraux ; cette

décoration prenait chaque jour plus d'importance. Au lieu de réparer le dommage survenu aux constructions de Notre-Dame de Paris, on en profita pour supprimer les roses percées au-dessus des galeries, faire descendre les fenêtres hautes en sapant leurs appuis jusqu'à l'archivolte des galeries. On démolit les arcs-boutants à double volée, on diminua de hauteur les fenêtres du triforium en abaissant ses voûtes.

Les fenêtres hautes agrandies furent garnies de meneaux très-simples, dont la forme et la sculpture nous donnent précisément l'époque de ce travail. A peine cette opération était-elle terminée à la hâte (car l'examen des constructions dénote une grande précipitation), que l'on entreprit, vers 1245, de faire des chapelles entre les saillies formées à l'extérieur par les gros contreforts de la nef. Ces chapelles furent élevées également avec une grande rapidité. Mais alors les deux pignons primitifs des transsepts se trouvaient débordés par la saillie de ces chapelles. Comparativement à la nouvelle décoration extérieure de la nef, ces deux pignons devaient présenter une masse lourde; on les démolit, et une inscription sculptée en magnifiques caractères sur le soubassement du portail méridional de la croisée atteste qu'en 1257, le second jour des ides de février, maître Jean de Chelles commença cette œuvre en l'honneur de la mère du Christ. Saint Louis régnait alors et Renaud de Corbeil occupait le siége de Paris. Il faut affirmer, en dépit des textes, que le portail septentrional, la porte rouge, et les premières chapelles qui de chaque côté suivent immédiatement le transsept, ont

2

été construits à cette même époque et peut-être par le même architecte ; c'est le même style, la même sculpture, et jusqu'à la même nature de pierre. Ces travaux, vu leur importance et le soin apporté dans leur exécution, durent exiger plusieurs années.

Quant aux chapelles absidales, elles s'achevaient à la fin du XIIIe siècle et au commencement du siècle suivant. A l'entrée de l'une d'entre elles, celle de Saint-Nicaise, on lisait sur le socle d'une statue de l'évêque Simon Matiffas de Buci, que ce prélat avait fondé premièrement cette chapelle avec les deux suivantes en 1296, et qu'ensuite on avait fait successivement toutes les autres du pourtour du chœur. Cette précieuse inscription a été conservée ; nous l'avons relevée dans les magasins de l'église abbatiale de Saint-Denis, où elle se trouvait confondue avec d'autres monuments provenant de diverses églises. Nous savons encore le nom du chanoine Pierre de Fayel, qui donna deux cents livres parisis pour aider à faire *les histoires* de la clôture du chœur et pour les nouvelles verrières, ainsi que ceux des sculpteurs maître Jean Ravy, qui commença lesdites *histoires*, et maître Jean le Bouteiller, qui les parfit en 1351. Nous aurons à revenir sur cette clôture et sur les curieuses figures qui s'y trouvaient représentées.

Du XIVe au XVIIIe siècle, la cathédrale paraît avoir conservé intacte sa physionomie première. Mais l'exécution du vœu de Louis XIII ouvrit pour la vieille église, en 1699, une série de changements et de mutilations qui se sont succédé sans interruption jusqu'à nos jours. La piété qui prétendait rajeunir le sanctuaire par des embellissements modernes obtenus à grands frais, ne lui fut guère moins fatale que la barbarie qui un peu plus tard s'acharnait à le dévaster. Ainsi, de 1699 à 1753, la cathédrale perdit ses anciennes stalles du xivᵉ siècle, son jubé, toute la clôture à jour du rond-point, l'antique maître autel avec ses colonnes de cuivre et ses châsses, tous les tombeaux du chœur, les vitraux de la nef, du chœur et des chapelles. Les travaux, entrepris dans le but de réparer ou de consolider l'édifice, le dépouillaient aussi tour à tour de ses moulures, de sa végétation de pierre, de ses gargouilles, de ses clochetons. Mais la mutilation la plus grave fut accomplie en 1771, sous la direction du célèbre architecte Soufflot, avec l'assentiment et le concours du chapitre. Pour laisser le passage plus libre aux processions et aux cérémonies, Soufflot fit disparaître le trumeau qui divisait la grande porte occidentale en deux parties. Ce pilier fut entièrement supprimé avec la statue du Christ qui s'y trouvait posée et les curieux bas-reliefs qui en couvraient la base. Puis on entailla toute la partie inférieure du tympan, sans respect pour sa belle sculpture du Jugement dernier, afin d'y introduire l'arc de la porte nouvelle, élargie et exhaussée aux dépens de l'ancienne ornementation. Sur la fin du règne de Louis XV, un dallage uniforme en grands carreaux de marbre vint prendre la place des dalles funéraires qui couvraient en quantité innombrable tout le sol de l'église, et qui présentaient les effigies d'une foule de personnages illustres. Les années 1773 et 1787 virent dégrader de la manière la plus déplorable, sous prétexte

de restauration et par des architectes, le mur méridional
des chapelles de la nef, les arcs-boutants du chœur, les
parties supérieures de la façade occidentale. On était encore à l'œuvre, quand éclata l'orage qui menaça la cathédrale d'une destruction complète. Il faut le dire cependant,
un certain ordre fut maintenu jusque dans la dévastation.
Les mêmes hommes qui arrachaient des portails et des
niches toutes les grandes figures qu'on leur avait signalées
comme rappelant des souvenirs monarchiques, ont res-
pecté les voussures et les tympans qui ne contiennent que
des personnages sacrés. On fit valoir, pour sauver ces admirables modèles, des considérations astronomiques et
mêmes mythologiques; elles obtinrent un succès que
n'aurait jamais eu alors l'appel le plus éloquent à la vieille
foi de la population parisienne. Au mois d'août 1793, un
arrêté de la Commune décida que sous huit jours les *gothiques simulacres* des rois au portail de Notre-Dame seraient
renversés et détruits, ainsi que les effigies religieuses en
marbre ou en bronze. Le conseil municipal réitéra cette
prescription au mois de brumaire de l'an II, ordonnant la
suppression immédiate de tous les saints du portail. Mais
le citoyen Chaumette réclama en faveur des arts et de la
philosophie; il sut se faire entendre de ses fanatiques col-
lègues, en leur affirmant avec vivacité que l'astronome
Dupuis avait trouvé son système planétaire dans une des
portes collatérales de l'église. Le conseil décréta donc que
le citoyen Dupuis serait adjoint à l'administration des
travaux publics, afin de conserver les monuments dignes
d'être connus de la postérité. L'intervention de Dupuis a

sauvé ce qui restait, et puisse cè grand service rendu le
faire absoudre de ses agressions contre les traditions religieuses ! Mutilée au dehors, dépouillée au dedans de ses
plus précieuses richesses, l'église de Maurice de Sully, de
Philippe-Auguste et de saint Louis devint le temple déca-
daire de la *Raison.*

Les prélats qui se sont succédé sur le siége de Paris
depuis le concordat de 1802, les princes qui ont gouverné
la France, les administrateurs qui ont été chargés des
grands intérêts de la ville de Paris et du département de
la Seine, ont tous fait les plus louables efforts pour rendre
à Notre-Dame son antique magnificence. Mais le moment
n'était pas arrivé. Les principes de l'art du moyen âge
n'avaient pas encore été étudiés, et chaque restauration
nouvelle entraînait, comme au xviiie siècle, la perte ou la
dégradation de quelque partie importante du monument.
Cependant une génération d'artistes, pleine de zèle et de
dévouement, se formait en silence à la pratique de notre
vieil art national, par les travaux les plus sérieux et les
plus opiniâtres. Des voix éloquentes, entre lesquelles nous
aimerons toujours à citer celle de M. le comte de Montalem-
bert, le défenseur-né de l'art et de la liberté catholiques,
protestaient en faveur de nos monuments historiques si
longtemps oubliés. Le gouvernement, de son côté, voulut
répondre dignement à l'expression d'un aussi noble sentiment, et en 1845 une loi solennellement discutée ouvrit
libéralement le trésor de l'État pour la restauration de
Notre-Dame. Depuis dix ans des travaux d'un développement immense et d'une difficulté dont on ne peut appré-

cier l'étendue, qu'en passant plusieurs heures à parcourir les divers étages de ce vaste édifice, ont été accomplis sans que le culte ait été interrompu un seul jour et sans accidents.

Nous donnons ici le plan de la cathédrale de Paris telle que nous la voyons aujourd'hui, avec les adjonctions successives faites depuis le milieu du xiiie siècle, et la sacristie nouvelle qui a remplacé l'ancien palais épiscopal.

L'histoire de Notre-Dame se lie d'une manière intime à toute l'histoire de France. On ne finirait pas d'énumérer les solennités nationales, les baptêmes de princes, les mariages et funérailles de rois, les conclusions de traités dont cette insigne église a été témoin. C'est là que les grands corps de l'État venaient rendre à Dieu de publiques actions de grâces pour le triomphe de nos armes; les étendards[1] pris sur les ennemis de la France étaient suspendus en trophées aux galeries du chœur. Nous citerons quelques faits remarquables et quelques cérémonies extraordinaires.

Dans les premières années du xiiie siècle, saint Dominique prêcha dans la cathédrale de Paris. Il était demeuré plus d'une heure en prière avant de commencer, quand la Vierge lui apparut, radieuse comme le soleil, et lui donna un livre contenant le sujet qu'il devait traiter.

En 1229, le 12 avril, veille de Pâques, le comte de Toulouse, Raymond VII, fut absous du crime d'hérésie dans

[1] Ces drapeaux ne restaient exposés que pendant la guerre; par un sentiment de délicatesse toute française, on les retirait en temps de paix.

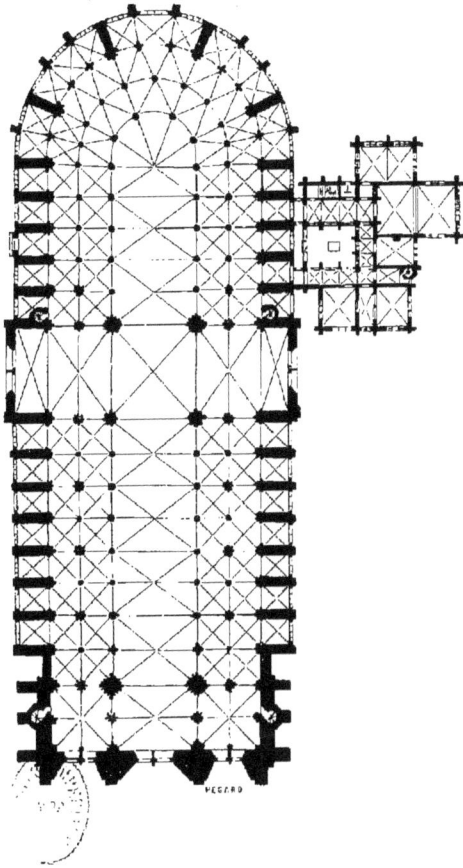

Plan de Notre-Dame de Paris(1850

l'église Notre-Dame. « Et c'était pitié, dit le chroniqueur, Guillaume de Puylaurens, de voir un si grand homme, lequel par si long espace de temps avait pu résister à tant et de si fortes nations, conduit nu, en chemise, bras et pieds découverts, jusqu'à l'autel. »

Pierre Bonfons nous apprend qu'en 1381, le prévôt de Paris, « Hugues Aubriot, accusé et convaincu d'hérésie et « autres crimes, fut, à la poursuite de l'Université, pres- « ché et mitré publiquement au parvis Notre-Dame, et « après ce, condamné à être en l'oubliette au pain et à « l'eau. »

Le 27 novembre 1431 [1], le roi d'Angleterre, Henri VI, âgé seulement de dix ans, fut sacré et couronné roi de France en grande pompe, dans le chœur de la cathédrale. Mais le souvenir de ce sacre fut bientôt effacé, tandis que depuis l'an 1436, on célébrait chaque année, par un *Te Deum*, le premier vendredi après Pâques, en présence du prévôt des marchands et des échevins, la mémoire de la reprise de Paris par les troupes du vrai roi de France, Charles VII.

Le jour de l'Assomption, au xiiie siècle, toute l'église était revêtue d'étoffes précieuses; on jonchait le pavé d'herbes odoriférantes que les prieurs de l'archidiaconé de Josas devaient fournir tour à tour. Deux siècles plus tard, on se contentait de répandre dans l'église de l'herbe tirée des prés de Gentilly.

Le jour de la Pentecôte, pendant l'office, on jetait des

[1] C'est la date donnée par Mézeray. Le président Hénaut indique celle du 17 décembre.

pigeons, des oiseaux, des fleurs, des oublies , des étoupes
enflammées, par des ouvertures pratiquées dans les voûtes,
pour rappeler la descente du Saint-Esprit et l'effusion de la
grâce divine.

Tous les ans, le 22 mars, le chapitre faisait une proces-
sion en mémoire de l'entrée de Henri IV à Paris, en 1594.
Les chanoines, accompagnés des cours souveraines, se
rendaient à l'église des Grands-Augustins, où la messe
était chantée en musique. On remettait la cérémonie après
la semaine de Pâques, lorsque le 22 mars arrivait dans la
semaine sainte.

Maintenant que nous connaissons la généalogie et l'histoire de Notre-Dame, il est temps de décrire son impo-
sante architecture et de dire le sens de ces mille personnages qui en peuplent les riches portails. C'est que la
cathédrale était le grand monument populaire du moyen
âge, le monument de tous, auquel chacun avait apporté sa
pierre, et qui appartenait en réalité à tout le monde.
Quand nous parcourons les nefs de nos cathédrales, n'y
voyons-nous pas en effet, au bas des verrières , et sur les
soubassements des statues, les armoiries du peuple et les
emblèmes des corps de métiers, bien plus encore que les
attributs de la puissance et les blasons de l'aristocratie ?
Ce sont des boulangers, des bouchers, des marchands de
draps, des fourreurs, des vendeurs d'épices qui ont enrichi
de leurs dons les Notre-Dame de Reims, d'Amiens et de
Chartres, Saint-Étienne de Bourges et Saint-Pierre de
Troyes. La cathédrale était, pour les populations d'alors,
non-seulement le lieu de la prière et la demeure de Dieu,

mais le centre du mouvement intellectuel, le dépôt de toutes les traditions d'art et de toutes les connaissances humaines. Ce que nous placerions dans les armoires d'un musée, nos pères le confiaient aux trésors des églises[1]. Ce que nous cherchons dans les livres, ils allaient le lire en caractères vivants sur les ébrasures des portes ou sur les vitraux des fenêtres. Et voilà pourquoi, à côté des scènes religieuses et des allégories morales, nous rencontrons en si grand nombre aux parois de nos cathédrales ces calendriers, ces enseignements de botanique et de zoologie, ces détails sur les procédés des arts et des métiers, ces avertissements sur l'hygiène, sur le bon emploi du temps, sur l'agriculture, qui composent une encyclopédie à l'usage et à la portée de tous.

[1] Guillaume Durand, dans son *Rational des divins Offices,* nous avertit que dans plusieurs églises on suspendait des œufs d'autruches et d'autres choses admirables ou rares, afin que le peuple en fût davantage attiré dans le lieu saint et mieux disposé à la piété. Dans nos cathédrales de Laon, de Reims, de Bayeux, de Comminges, à Saint-Denis, à Saint-Bertin, à la Sainte-Chapelle de Paris, et ailleurs, on conservait des côtes de baleine, des crocodiles empaillés, des cornes de licornes, des ongles de griffons, des camées et des vases antiques.

Le Parvis.

De temps immémorial, la place qui précède la fa-
- çade occidentale de Notre-Dame porte le nom de parvis. L'étymologie de ce mot n'est pas difficile à trouver.
C'était le Paradis terrestre, *Paradisus*, par lequel on arrivait à l'église, figure de la Jérusalem céleste. Au centre
de ce parvis, s'élevait une fontaine en souvenir de celle qui,
placée au milieu du Paradis, donnait naissance aux quatre
grands fleuves de l'Orient. La fontaine du parvis Notre-
Dame était accompagnée d'une très-ancienne statue, que
l'abbé Lebœuf reconnut pour un Christ tenant le livre de la
loi nouvelle, et qu'il croyait tirée d'une des deux églises
antérieures au xiiie siècle. Un personnage, Aaron ou David,
sculpté au soubassement, représentait la loi mosaïque. Le
bon sens ordinaire de l'abbé Lebeuf lui avait révélé le
véritable caractère de cette figure usée par le temps,
que les amateurs de la mythologie païenne prenaient
pour un Esculape protégeant les malades de l'Hôtel-
Dieu, tandis que les partisans du système historique y
voulaient voir le portrait d'Erchinoald, maire du palais,
sous le règne de Clovis II, et prétendu bienfaiteur de
l'Église de Paris[1].

Dispositions générales.

Le plan de Notre-Dame est en forme de croix latine.
L'église a deux grandes tours à l'occident; elle avait

[1] Jaillot, dans ses recherches sur Paris, assure que cette statue
était de plâtre couvert de plomb.

de plus autrefois, au point d'intersection des quatre branches de la croix, une haute flèche qui n'existe plus, mais qui doit être rétablie. On entre par six portes, trois à la façade occidentale, une au nord et l'autre au midi, aux extrémités des branches transversales de la croix, une dernière sur le côté septentrional de l'abside. Ces portes ont chacune leur nom; ce sont la Grande porte ou porte du Jugement, les portes de la Vierge et Sainte-Anne, du Cloitre et Saint-Marcel, la porte Rouge, autrefois réservée à l'usage du chapitre. Nous ne comptons pas les deux portes intérieures, qui communiquent avec la sacristie neuve et qui ont été récemment ouvertes dans les murs latéraux de deux chapelles. On calcule ainsi approximativement les dimensions de l'édifice : développement de la façade, cent vingt pieds ; longueur totale dans œuvre, trois cent quatre-vingt-dix pieds, et largeur, cent quarante-quatre d'une extrémité du transsept à l'autre ; élévation de la maîtresse voûte, cent quatre pieds, et cent pieds de plus pour la hauteur totale des tours. Le chœur entre dans les proportions générales pour une longueur de cent-quinze pieds et une largeur de trente-cinq [1].

[1] Le père Du Breul, *Théâtre des Antiquités de Paris*, cite, pour mieux exprimer les dimensions de Notre-Dame, les vers suivants, écrits dans un tableau qui était pendu dessous et près l'image saint Christophe, à l'entrée de l'église :

> Si tu veux sçauoir comme est ample
> De Nostre-Dame le grand temple :
> Il a dans son œuure, pour seur,
> Dix et sept toises de haulteur,
> Sur la largeur de vingt et quatre :
> Et soixante cinq sans rabattre,
> A de long. Aux tours hault montées
> Trente quatre sont bien comptées,
> Le tout fondé sur pilotis,
> Ainsi vray que je te le dis

On compte cinq nefs, trente-sept chapelles affectées au culte, ou servant de passages, trois roses de quarante pieds de diamètre chacune, cent treize fenêtres, soixante-quinze colonnes ou piliers libres, non compris les colonnes engagées, cent huit colonnettes aux baies de la tribune. Les contreforts, les clochetons, les gargouilles historiées, les pinacles, les colonnettes monostyles ou groupées en faisceaux dans les galeries, dans les fenêtres, dans l'intérieur des tours, aux retombées des arcs, les balustrades à jour, les pignons feuillagés, les corniches chargées de végétations, les consoles en figures d'hommes et d'animaux, sont en quantité vraiment innombrable.

Façade occidentale.

Aucune de nos grandes cathédrales ne possède une façade plus monumentale, plus majestueuse que celle de Notre-Dame de Paris. On peut dire que le xiiie siècle, cette époque empreinte de tant de puissance et d'originalité, s'est représenté lui-même dans ce merveilleux portail. D'abord, les vastes proportions de l'ensemble absorbent toute l'attention et commandent le respect. Cette masse vigoureuse inspire, suivant l'énergique expression d'un de nos devanciers, une sorte de terreur religieuse à ceux qui la contemplent, *mole sua terrorem incutit spectantibus*.

Puis, quand on passe à l'étude de tous les détails, on se sent à la fois surpris et charmé de rencontrer auprès de tant de force, tant de délicatesse dans l'ornementation, tant de finesse dans la sculpture, tant d'ingénieuse recherche dans la composition et dans l'arrangement des figures et des bas-reliefs.

La façade se divise en trois parties dans sa largeur, et

en quatre étages dans son élévation. Les deux tours qui l'accompagnent, la dépassent encore d'une hauteur considérable. Quatre contreforts en dessinent les grandes divisions verticales et marquent en même temps, à partir du sol, la largeur de chaque tour, ainsi que celle des collatéraux de la nef.

Trois larges portes ogivales, partagées chacune en deux baies carrées par un pilier-trumeau, et surmontées de tympans sculptés, s'ouvrent sous des voussures profondes, toutes peuplées de figures. Longtemps on a cru que ces portes étaient jadis précédées d'un perron de treize degrés, dont le massif aurait formé pour la façade un admirable soubassement. Les fouilles de 1847 ont démontré jusqu'à l'évidence que jamais il n'en avait été ainsi. Il est probable que ces marches, dont la plupart des auteurs anciens parlent sans cependant les avoir vues, existaient du côté du logis épiscopal, non dans l'axe de la façade, mais sur le côté de la tour du sud, et qu'elles descendaient vers la rivière. Aujourd'hui on entre à peu près de plain-pied du parvis dans l'église.

Sur chacun des quatre grands contreforts, à la hauteur où les voussures des portes commencent à se courber, on remarque une niche plate formée de deux colonnes que surmonte une triple ogive, avec entablement composé de tourelles et de petits châteaux. Deux niches semblables se trouvent en retour d'équerre, une à chaque bout de la façade. Elles contenaient en tout six figures, dont il ne reste plus que des silhouettes mutilées. On sait que dans celles du mur de face les figures représentaient saint Étienne vers le cloître, saint Denis vers l'évêché, et, dans le milieu, deux femmes couronnées. La plupart de nos prédécesseurs ont cru que ces dernières étaient la Religion et la Foi. Mais nous considérons comme certain qu'on

devait y voir les personnifications de l'Église et de la
Synagogue, l'une fière et triomphante, l'autre humiliée et
vaincue ; l'une, la tête haute et le regard fixé sur le Christ,
l'autre, le visage baissé et les yeux couverts d'un bandeau ;
l'une, coiffée d'un diadême, tenant élevés la croix et le
calice, l'autre, laissant tomber à la fois sa couronne, les
tables de la loi et son étendard brisé pour toujours. Les
sculpteurs et les verriers du moyen âge affectionnaient ce
beau motif. On en trouve des exemples notables à Saint-
Denis, à Chartres, à Reims, à Bourges, à Lyon et dans la
plupart de nos églises importantes des xiiie et xive siècles.

Une double rangée de feuillages, prolongée horizonta-
lement dans tout le travers de la façade, sépare l'étage
inférieur de la galerie des rois. Cette galerie se compose
de vingt-huit arcs trilobés, garnis de boutons à l'archivolte,
et surmontés de bastilles ; ils ont pour appuis des colonnes
coiffées d'excellents chapiteaux à crochets. Vingt-quatre
de ces arceaux sont complétement ouverts, tandis que les
quatre autres ne sont qu'appliqués sur les contreforts ; il y
en a quatre de plus en retour, deux à chaque extrémité du
portail. Là se trouvaient vingt-huit effigies royales, dont
nous aurons à parler plus en détail dans la description des
sculptures. En arrière de l'arcature, il existe un passage
qui traverse l'épaisseur des contreforts. L'enlèvement des
statues y laisse à découvert des baies carrées, dont l'archi-
trave repose sur des impostes d'un style sévère. Un plafond
de pierre l'abrite. Il faut parcourir cette galerie, dont la
structure intérieure est aussi étrange que solide. Au-dessus
de la galerie des rois, s'étend celle de la Vierge, terrasse à
ciel ouvert, bordée d'une balustrade à jour. Le xive siècle,
sur son déclin, avait refait cette rampe dans un style qui
s'éloignait beaucoup du dessin primitif ; elle vient d'être
rétablie en entier, d'après quelques parties anciennes qui

étaient restées en application sur les contreforts. Elle consiste en une nombreuse série de petits arcs, la plupart en ogives, quelques-uns cintrés, tous accompagnés de colonnettes, décorés à l'archivolte de pointes de diamant. La devanture cache des socles sur lesquels ont été posés, au mois d'août 1854, cinq grandes statues de pierre, exécutées par MM. Geoffroy Dechaume, Chenillon, Toussaint, Pascal et Fromanger : Adam[1] à la tour du nord, Ève à celle du midi, et dans le milieu, en avant de la rose, la Vierge portant le Christ, entre deux anges qui tiennent des chandeliers. C'est en résumé la chute et la rédemption.

Nous sommes parvenus au troisième étage du portail. A chaque tour, deux larges baies, comprises sous une même ogive, avec une rose feinte dans le tympan, éclairent de vastes salles intérieures. Au centre, s'épanouit la rose qui illumine toute la partie antérieure de la nef. Un arc cintré, soutenu par des colonnettes, lui sert d'encadrement, et un double cordon torique en suit tout le pourtour. Un premier rang de douze petits arcs trilobés s'y développe autour d'un compartiment circulaire garni de redents ; une seconde rangée, tangente à la circonférence, compte un nombre double de baies semblables aux premières. Toute cette arcature à jour a ses colonnettes et ses chapiteaux. Les baies du troisième étage sont toutes enrichies de moulures, de fleurons, de crochets, de consoles historiées. De grands trèfles fleuronnés remplissent les angles des espaces carrés, dans le champ desquels s'ouvrent les baies des tours et la

---

[1] L'ancienne statue d'Adam, ouvrage du xive siècle, se trouve aujourd'hui dans les magasins de l'église Saint-Denis, où elle a été portée avec un grand nombre d'autres sculptures provenant du musée supprimé des Petits-Augustins. C'est une figure entièrement nue, d'un travail fort curieux ; elle a subi quelques mutilations, surtout dans les jambes.

rose médiane. Un entablement feuillagé couronne cette troisième partie de la façade.

Ici les tours commencent à se détacher de la masse. Mais une arcature à jour, un pont hardiment jeté sur l'abîme, les relie encore l'une à l'autre, et forme la transition entre la partie pleine du portail et la séparation absolue des deux clochers. Cette arcature, haute et légère, se compose d'ogives géminées, avec colonnettes en faisceaux pour supports, et trèfles percés dans les tympans. Suspendue entre les tours, elle va se prolonger ensuite sur leurs parois et les enveloppe d'une brillante galerie. Respectant les contreforts qui lui font obstacle, elle laisse seulement sur les parements de leurs piles l'empreinte de son passage. A son sommet elle porte une balustrade découpée en quatrefeuilles, à tous les angles de laquelle sont venus percher des oiseaux, s'accroupir des démons et des monstres. Ces pittoresques figures viennent d'être rétablies; les anciennes n'existaient plus; mais quelques-unes, en tombant, avaient laissé leurs pattes attachées à la pierre.

Tours.

Les tours s'élèvent ensuite carrément, désormais libres dans l'espace. Leurs angles disparaissaient derrière des contreforts énormes, bordés dans toute leur hauteur d'une longue suite de feuilles en crochets, surmontées de gargouilles et de clochetons. A chaque tour, et sur chacune des quatre faces, s'ouvrent deux baies ogivales d'une dimension extraordinaire, dont les ébrasures sont tapissées de colonnettes, de crochets, et dont les archivoltes se divisent en nombreuses rangées de tores. Les cordons externes des arcs descendent sur des mascarons à têtes grimaçantes. Enfin, pour couronner l'œuvre, au-dessus d'une

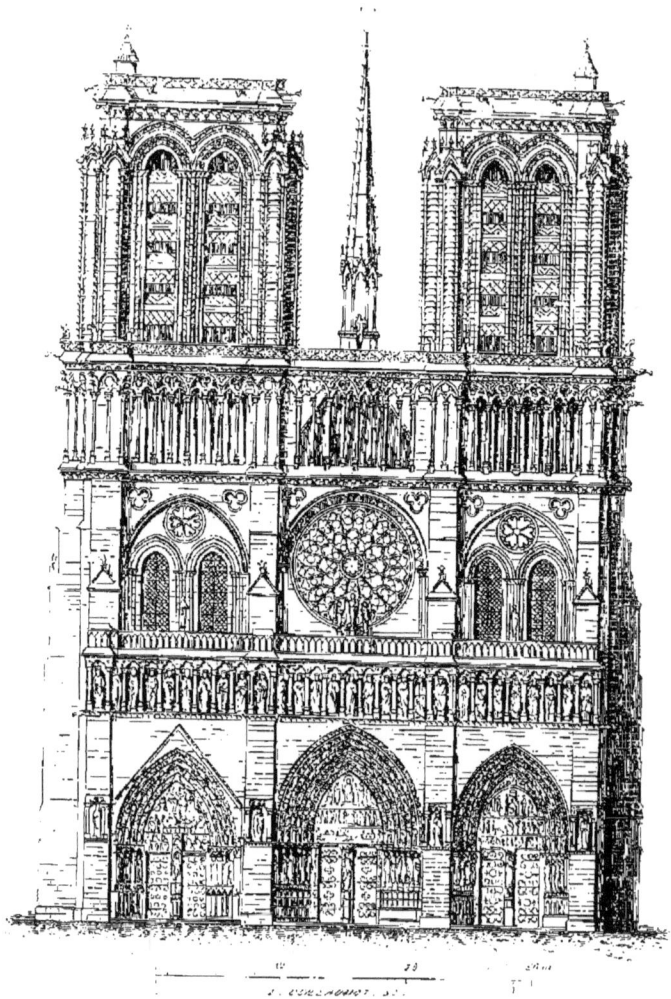

Façade occidentale de Notre-Dame de Paris.

double ligne de grands crochets feuillus, une balustrade, semblable à celle de la dernière galerie que nous venons de décrire, environne la terrasse revêtue de plomb où l'architecte a posé sa dernière assise. A l'un des angles de la balustrade de chaque tour, une tourelle terminée par un fleuron recouvre la cage de l'escalier. Les parties latérales des tours présentent le même système d'architecture, excepté cependant aux étages inférieurs, où se trouvent de longues baies en ogive simple pour donner du jour aux porches, et des tourelles polygonales percées de barbacanes pour contenir les escaliers.

Les tours sont égales en hauteur, et d'abord l'œil n'y saisit aucune différence. La tour méridionale est cependant un peu moins volumineuse que celle du nord. Le motif de cette dissemblance nous échappe. A l'époque qui nous occupe, il n'y avait point de ces lois d'expropriation dont on use si largement de nos jours ; il est arrivé souvent que la régularité d'un édifice a été sacrifiée à la nécessité de respecter la voie publique ou la propriété particulière. Nous en avons à Paris un exemple très-important, qui date seulement du xive siècle, dans le plan de l'église Saint-Eustache ; l'architecte, empêché d'envahir la rue voisine, se vit obligé de restreindre de la manière la plus singulière l'étendue de ses premières chapelles. Il est possible qu'à Notre-Dame on ait craint de réduire d'une façon trop incommode l'accès de la maison épiscopale, entre l'église et l'Hôtel-Dieu, en donnant à la tour du sud les mêmes dimensions qu'à l'autre. On croit généralement que la dissemblance des tours est une marque d'infériorité des églises épiscopales ou paroissiales, et que les seules cathédrales d'archevêchés jouissaient du privilège de posséder deux tours égales. Aucune règle pareille n'a jamais existé. Dans les villes d'archevêchés, d'ailleurs, à Sens, à Bourges, à Rouen, les différences sont peut-être encore plus accusées que dans les autres. On en trouverait la cause le plus ordinairement dans l'interruption des travaux, dans l'intervention d'un architecte nouveau qui modifiait le plan primitif, et dans la transformation incessante des procédés de l'art. Quel que soit le motif qui ait guidé l'architecte des tours de Notre-Dame de Paris, la dissemblance entre elles existe non-seulement dans la largeur et l'épaisseur, mais dans certains détails. Ainsi, la grande arcature à jour est plus ferme, plus largement composée sous la tour nord que sous la tour sud ; les piles de la tour nord, à la hauteur du beffroi, reçoivent un plus grand nombre de *crochets* que celles de la tour sud. Nous préférons la tour du nord à l'autre, son aspect est plus grandiose, les détails en sont mieux exécutés, la composition plus belle, les rapports entre les pleins et les vides plus heureux.

L'escalier qui conduit au sommet de chaque tour n'a pas moins de trois cent quatre-vingts degrés. L'étage inférieur forme un porche en avant des collatéraux de la nef. Dans les étages supérieurs on trouve de vastes salles voûtées. Il y a surtout, dans chaque tour, à la hauteur de la galerie de la Vierge, une salle immense et magnifique, où la lumière habilement ménagée vient grandir encore les formes de l'architecture. Chacune de ces salles contient dans un de ses angles un escalier remarquable, emprisonné dans une tourelle de pierre percée à jour. Il n'est pas possible de se faire une idée des proportions colossales de Notre-Dame, tant qu'on n'en a point parcouru en détail les tours, les terrasses, les galeries.

La sonnerie de la cathédrale de Paris avait autrefois une grande réputation. La tour du nord renfermait sept cloches et il y en avait six autres dans le clocher

central du transsept. Les deux plus grosses de toutes,
qu'on appelait les bourdons de Notre-Dame, étaient
placées dans la tour du midi. Sans parler des autres
cloches d'aujourd'hui, qui n'ont aucune importance,
nous dirons que Notre-Dame a conservé le plus gros et le
plus harmonieux de ses deux bourdons. Les Parisiens lui
ont voué une affection singulière, et les jours solennels le
peuple se plaît fort à l'entendre sonner. Le poids en est
évalué à treize mille kilogrammes. Une longue inscription latine en relief sur le cuivre nous apprend que cette
cloche, donnée en 1400 par Jean de Montaigu [1], qui la
nomma Jacqueline, du nom de sa femme, Jacqueline de
La Grange, fut refondue en 1686, et qu'elle reçut alors les
noms d'Emmanuel-Louise-Thérèse, en l'honneur du roi
Louis XIV et de la reine Marie-Thérèse d'Autriche. A
l'époque de la refonte, la quantité de métal, qui n'était
que de quinze mille livres, fut augmentée du double
environ par la munificence du chapitre [2]. Les beffrois en
charpente, auxquels sont suspendues les cloches, ont été
refaits dans ces dernières années, et des précautions extrêmes ont été prises pour assurer le jeu de la sonnerie
sans causer d'ébranlement aux murailles.

Les baies supérieures des tours étaient défigurées par
des espèces d'auvents en charpente qui rongeaient les colonnettes et masquaient toute la décoration ; ils sont main-

[1] Jean de Montaigu, décapité en 1409 aux Halles de Paris,
était conseiller du roi, grand maître d'hôtel de France, et frère
de Gérard, 95e évêque de Paris.

[2] Le second bourdon a été détruit ; il pesait vingt-huit mille,
disent les historiens de Notre-Dame, mais il y a toujours exagération dans ces dires.

Sur le bourdon conservé, on lit les noms des fondeurs N. Chapelle, J. Giltot, C. Moreau et Florentin le Guay. Le dernier
seul prend le titre de maître fondeur ; il était Parisien.

tenant remplacés par des abat-sons de métal qui, tout en
préservant les beffrois, ne viennent plus briser par leurs
saillies les lignes de l'architecture.

Une grave question s'est agitée au sujet du couronnement des tours. Le volume des contreforts qui en con-
solident les angles, et les dispositions prises à l'étage
supérieur indiqueraient qu'au xiiie siècle on eut le projet
de construire deux flèches en pierre. Ce projet a été abandonné; fallait-il le reprendre de nos jours? Les architectes
chargés de la restauration déclarèrent dans le remarquable
rapport adressé par eux au ministre de la justice et des
cultes, en 1843, et nous partageons complétement leur
opinion, que la cathédrale n'aurait rien à gagner à l'édifi-
cation de ces deux flèches, d'une forme d'ailleurs très-
douteuse. La physionomie de Notre-Dame, avec ses deux
tours carrées couvertes en terrasses, a quelque chose
d'historique qu'il faut respecter. Nos yeux sont tellement
faits à voir les tours telles qu'elles sont, que nous aurions
de la peine à nous les figurer plus belles sous une autre
forme. Rien ne dénote dans la construction de la façade
que les ressources aient manqué pour la mener à perfection. C'est partout le même choix de matériaux, la même
richesse d'ornements, le même soin dans l'ajustement. Si
donc l'architecte du xiiie siècle s'est arrêté à la naissance
des flèches, c'est qu'il aura sans doute lui-même condamné
son projet primitif.

Dans l'intervalle des tours il existe une cour spacieuse
que l'on appelle l'aire de plomb ou la cour des réservoirs.
Des plaques de métal en couvrent le sol, et des bassins y
contiennent de l'eau pour les premiers secours en cas
d'incendie. Un peu en arrière s'élève le grand pignon
triangulaire qui clôt le comble de la nef. Sur la pointe un
ange sonne la trompette, soit pour annoncer le jugement

à venir, soit pour convoquer le peuple chrétien. Il est contemporain de la façade ; le sculpteur l'a disposé de manière à donner le moins de prise possible aux vents et aux tempêtes qui l'assaillent sans relâche.

Tel est ce portail superbe, évidemment conçu et exécuté par le même homme, dans sa partie la plus considérable et la plus magnifique. On peut assurer aussi que les travaux se sont poursuivis rapidement, sans éprouver de retards, depuis les soubassements des portes jusqu'au point où les tours commencent à se séparer de la masse. L'unité de l'ensemble, la similitude des profils et des innombrables détails, attestent, mieux que ne pourrait le texte le plus avéré, que tout ici a été produit d'un seul jet, sous l'influence d'un même art et d'une même inspiration. Combien ne regrettons-nous pas de ne pouvoir dire quel fut le maître de cette œuvre! Il n'a pas songé à nous transmettre son nom, et ses contemporains n'ont rien fait pour suppléer à son silence. « L'homme, l'artiste, l'individu s'effacent sur ces grandes masses sans nom d'auteur ; l'intelligence humaine s'y résume et s'y totalise. Le temps est l'architecte, le peuple est le maçon. » Nos lecteurs auront reconnu sans peine dans ces dernières lignes le style coloré de celui qui a écrit la *Notre-Dame de Paris*. Quant à la partie supérieure des tours et à la galerie qui les réunit, elles témoignent, la galerie surtout par ses formes amincies et par une certaine exagération de légèreté, d'une reprise qui aura probablement eu lieu vers 1230. Il serait impossible en effet d'admettre que la galerie des rois et celle des tours fussent contemporaines. L'œuvre s'est arrêtée pendant quelques années au couronnement du portail, et l'on peut aisément se rendre compte d'une interruption pareille.

Descendons maintenant au pied de la façade, pour étudier l'imagerie des portes.

Porte du Jugement.

Le second avénement du Christ, le jugement univer-
sel, la fin dernière de l'humanité, tel est le sujet grandiose et terrible qui occupe la sculpture entière de la
plus vaste de toutes les portes de Notre-Dame. Personne ne peut entrer dans l'édifice sans que ses yeux se
soient arrêtés au moins un instant sur cette page redou-
table. Le Christ, adossé au trumeau, et tel qu'il fut du-
rant sa vie mortelle, tient le livre qui enseigne la vie; à
ses côtés, se rangent les douze apôtres qui jugeront un
jour avec lui les tribus d'Israël. Ici sont personnifiées les
vertus qui conduisent en paradis; là, les vices qui précipi-
tent dans l'enfer. Plus haut, le Fils de l'homme est assis
dans sa gloire. Autour de lui, comme le chante l'hymne
ambroisien, paraissent disposés d'après les règles d'une
hiérarchie mystérieuse les anges et les puissances du ciel,
la troupe glorieuse des prophètes, la blanche armée des
martyrs. Les docteurs et les vierges complètent le divin
cortége. Sous les pieds du Juge des vivants et des morts,
l'humanité sort des sépulcres au bruit de la trompette. A
sa droite, les élus, guidés par des anges, prennent posses-
sion du royaume qui leur a été préparé. A gauche, les réprouvés tombent dans les flammes, entraînés par les
démons. Examinons en détail comment le sculpteur chrétien du xiiie siècle a compris et développé le programme
qu'on lui avait tracé.

Nous avons déjà dit de quelle manière la porte du Jugement avait été mutilée par Soufflot. Les architectes viennent de lui rendre le pilier qui la partageait, et de restituer
au tympan son ancienne proportion. Le Christ, qui bénit
et tient le livre fermé, a repris sa place au trumeau[1].

1 L'inscription gravée sur une plaque de cuivre, qui cons-

Cette grande statue, inspirée par l'étude des beaux modèles d'Amiens et de Reims, est l'œuvre de M. Geoffroy –
Dechaume. Les figures qui doivent en décorer le piédestal, –
et dont quelques-unes au moins représenteront les arts
libéraux, comme celles qui les ont précédées, seront prochainement terminées.

Les ébrasures sont profondes. De chaque côté, la partie basse du socle, restaurée d'après des documents anciens, est ornée de compartiments losangés, de rosaces et
de fleurs de lis gravés en creux. Au-dessus, se développent
deux rangées de six bas-reliefs chacune, placés les uns
dans des médaillons, les autres sous une arcature, vingt-
quatre en totalité pour la porte entière. Les vices occupent –
les médaillons de la zone inférieure; les vertus sont per- -
sonnifiées à la zone supérieure. Des cannelures séparent
les uns des autres les médaillons des vices; des groupes de
colonnettes, doubles d'un côté, triples de l'autre, soutiennent au-dessus de chaque vertu un arc trilobé. Les douze
vices sont figurés par de petites scènes qui les mettent en
action; les douze vertus par des femmes assises qui se
font reconnaître à leurs attributs[1]. On peint les vertus
sous forme de femmes, Guillaume Durand nous l'enseigne, parce qu'elles sont pour l'homme des nourrices
caressantes. On lit dans la vie de Sainte-Geneviève qu'Her-

tatait que la première pierre de la porte neuve avait été posée
au nom du chapitre, le 1er juillet 1771, a été retrouvée sous un
des pieds-droits et envoyée au musée de Cluny.

[1] Cet usage de compter douze vertus principales, et de les
représenter ainsi, se perpétua longtemps. En 1454, une grande
fête fut donnée dans la ville de Lille par le duc de Bourgogne,
Philippe le Bon. Douze vertus en satin cramoisi dansèrent au
bal avec autant de chevaliers; c'étaient des princes et des
dames du plus haut rang. L'histoire ne nous dit pas si les chevaliers représentaient les vices dans ce singulier quadrille

mas, en son livre du *Pasteur*, propose aux chrétiens pour exemples douze vierges spirituelles dont il faut suivre les pas : la Foi, la Tempérance, la patiente Magnanimité, la Simplicité, l'Innocence, la Concorde, la Charité, la Discipline, la Chasteté, la Vérité et la Prudence. Saint Thomas, comme le raconte la *Légende d'or*, prêchait aux Indiens les douze degrés de vertus, la Foi, le Baptême, la Chasteté, la fuite de l'Avarice, la Tempérance, la Pénitence, la Persévérance, l'Hospitalité, l'Accomplissement de la volonté de Dieu, la fuite de ce que Dieu défend, la Charité envers amis et ennemis, la Vigilance à garder toutes ces choses. Il serait aisé de ramener aux mêmes termes la nomenclature d'Hermas et celle de l'apôtre saint Thomas. Les Sculpteurs et les peintres ont souvent représenté les vertus combattant les vices à coups de lances ou les tenant renversés sous leurs pieds ; c'est ce qu'on appelle la psychomachie. Quelquefois, les vices sont personnifiés par des personnages historiques qui passent pour en avoir été la plus haute expression, comme la Dissolution par Tarquin, la Folie par Sardanapale, l'Iniquité par Néron, le Désespoir par Judas, l'Impiété par Mahomet. Le système suivi à Notre-Dame est plus simple. Les vertus y tiennent la place d'honneur, et au-dessous de chacune d'elles vient se classer le vice contraire. Les sujets, ni les attributs, ne sont pas toujours faciles à distinguer. Le meilleur moyen d'arriver à un résultat satisfaisant, c'est de comparer entre elles les sculptures analogues qui se rencontrent dans des églises différentes. Si les limites que nous devons nous imposer ne nous interdisaient une pareille digression, nous voudrions expliquer la cathédrale de Paris par celles de Reims, d'Amiens ou de Chartres.

Nous prenons pour point de départ le Christ adossé au trumeau. Comme dans les roses à vitraux, nous avançons du centre à la circonférence. Toutes les fois que, dans l'examen des sculptures des portes de Notre-Dame, nous emploierons les termes de *droite* et *de gauche*, il faudra les entendre de la droite et de la gauche du personnage qui occupe la place centrale.

Les vertus sont toutes assises sur des siéges sans dossier, chastement vêtues de longues robes, la tête couverte d'un voile; chacune tient un cartouche circulaire sur lequel est figuré en relief l'attribut qui la caractérise. Des restaurations maladroitement exécutées au commencement du siècle dernier, par des ouvriers qui n'avaient aucune idée de la signification de ces figures, et des mutilations assez nombreuses survenues à diverses époques, rendraient l'interprétation plus d'une fois incertaine, si nous n'avions pour nous guider des renseignements positifs recueillis dans d'autres églises, d'après des sculptures mieux conservées.

Voici donc dans leur ordre la série des vierges spirituelles. Pour plus de clarté, nous rangerons à la suite de chaque vertu le vice qui lui est opposé[1].

1º La première vertu qui se présente à la droite du Christ et le plus près de lui, c'est la Foi ; une croix remplit l'écusson qu'elle tient dans une attitude respectueuse. Au-dessous, l'Impiété ou l'Idolâtrie, sous la figure d'un homme qui joint les mains et s'agenouille. Il adorait certainement une idole ou un démon debout sur une colonne. Mais quel-

---

[1] L'abbé Lebeuf (*Histoire du diocèse de Paris*) indique, sans donner aucun détail, les figures des vertus et des vices. L'aire du portail se serait un peu exhaussée depuis la description succincte qu'il en a faite, si, comme il le dit, ces sculptures se trouvaient alors à sept ou huit pieds du sol. La rangée inférieure n'est guère élevée maintenant de plus d'un mètre cinquante centimètres.

que scrupuleux chanoine du dernier siècle a fait gratter l'idole, dont la forme ou la posture le choquait sans doute. Aujourd'hui, le païen adore un médaillon ovale à tête de femme, tout semblable à ces galants portraits du temps de Louis XV qu'on voit dans toutes les collections. En touchant la pierre du doigt, on sent la trace du ciseau qui l'a mutilée.

2° L'Espérance, les yeux levés vers le ciel, a pour attribut un étendard qui flotte sur son écusson. Aujourd'hui nous lui mettons une ancre à la main. Les Italiens du moyen âge lui donnaient des ailes. Au-dessous, on reconnaît le Désespoir ; c'est un homme qui se perce de part en part avec son épée.

3° La brebis qui donne tout ce qu'elle a, son lait, sa chair, sa toison, sert d'emblême à la Charité. L'opposé de la Charité, c'est l'Avarice, qui avait ici sa place, on n'en peut douter. Mais l'ignorance de l'artiste qui refit cette dernière figure, au xviii° siècle, a rendu le sujet inintelligible. Il a représenté ce qu'il croyait voir dans les fragments de l'ancienne sculpture, une femme qui tient une espèce de manchon, et qui s'appuie sur un coffre, comme si elle allait tomber ; puis, contrairement à toutes les règles de l'iconographie, il a oublié de lui chausser les pieds. L'Avarice tenait autrefois une bourse et serrait précieusement des sacs d'argent dans un coffre-fort.

4° La Salamandre, qui vit dans les flammes, est le symbole du juste éprouvé par l'adversité, comme l'or dans la fournaise ; nous la trouvons figurée sur l'écu de la Justice. Une femme, pieds nus comme l'Avarice, tient à la main une balance peut-être inégale ; ce doit être l'Injustice. Mais nous n'avons pas à nous arrêter davantage sur ces deux bas-reliefs qui ont été refaits complétement dans le siècle dernier, ainsi que les quatre qui suivent.

5° La Sagesse ou la Prudence : sur son écusson, un serpent enroulé autour d'un bâton, comme on représente aujourd'hui le serpent d'airain.

La Folie : c'est un homme qui erre dans la campagne, les vêtements déchirés, les cheveux en désordre, tenant de la main droite peut-être une torche, et de la gauche un cornet dont il s'apprête à tirer des sons discordants.

6° L'Humilité, caractérisée le plus ordinairement par une colombe, l'est ici par un aigle au vol abaissé.

L'Orgueil ou la Témérité se montre sous la figure d'un homme emporté par un cheval fougueux, qui le jette à la renverse. Le cavalier, les cheveux épars, s'efforce vainement de se raccrocher à la crinière de sa monture.

A gauche les sujets anciens se sont mieux conservés :

1° La Force ou le Courage. Femme assise, portant par-dessus sa robe une longue cotte de mailles, la tête coiffée d'un casque en pointe avec un voile de mailles qui encadre tout le visage ; attitude pleine d'assurance ; dans la main droite, une large épée nue ; dans la gauche, un écu sur lequel passe un lion d'une fine sculpture. Sur le casque, se dessine un bandeau avec une fleur de lis au milieu.

La Lâcheté est un vice ; elle a de plus l'inconvénient d'être un ridicule. Le sculpteur du xiiie siècle s'est diverti à la mettre en scène. Un homme se sauve à toute vitesse, regardant avec effroi en arrière ; il a laissé tomber son épée, dont le fourreau seul lui reste. C'est un lièvre qui le poursuit. Un oiseau sinistre, la chouette, perché sur un arbre, ajoute encore à la terreur de ce poltron.

2° Un bœuf occupe l'écusson de la Patience. La Colère, les cheveux flottants, s'irrite des représentations d'un moine, et va le chasser d'un bâton qu'elle tient à deux mains. Le religieux n'a pour défense que le livre saint qu'il porte sous le bras gauche.

3° Le blason de la Douceur est un agneau. La Dureté, orgueilleuse et injuste, femme couronnée, assise sur une espèce de trône, pousse en arrière et renverse de son pied gauche un suppliant, qui s'agenouille humblement devant elle.

4° La Concorde ou la Paix : sa main droite déroule une banderole sur laquelle ses yeux semblent lire; sa gauche tient un cartouche où l'on ne voit plus que les débris d'une branche d'olivier ou d'un lis.

La mise en scène de la Discorde appartient au siècle dernier. Deux hommes, en vêtements courts, et les pieds nus, se battent à coups de poing. Un broc renversé atteste que l'ivrognerie a causé leur querelle.

5° L'Obéissance ou la Soumission montre sur son écu le plus docile de tous les animaux, un chameau accroupi. L'Esprit de Révolte se personnifie dans un homme qui refuse d'entendre les exhortations d'un évêque, et qui se retourne comme pour l'insulter. L'évêque, en chasuble, avec la mitre basse à double pointe et la crosse, tenait de la main gauche un objet qui a été détruit.

6° « Celui qui aura persévéré jusqu'à la fin, dit l'Apôtre, sera couronné. » Au centre de l'écusson de la Persévérance on distingue les vestiges d'une couronne suspendue.

L'Inconstance ou l'Indiscipline, c'est un religieux qui vient de quitter son monastère; il retourne la tête avec inquiétude pour voir si personne ne le surveille; son geste indique qu'il a pris son parti. Suivant une vieille locution, ce moine a jeté le froc aux orties. Il a laissé, on le voit, dans la cellule ou chapelle qu'il abandonne, son vêtement de religion, et une chaussure semblable aux bottes que certains ecclésiastiques portaient au chœur pendant l'hiver. La porte de l'édifice reste ouverte; elle est longue et cintrée, ainsi que les fenêtres; petite arcature sur le côté.

pignon très-bas, surmonté d'une croix, toiture disposée en losanges.

Des douze figures de vertus, il n'en est peut-être pas une qui n'ait subi quelque mutilation plus ou moins grave. Ainsi, elles tenaient, indépendamment de leurs écussons, d'autres attributs qui ont presque tous disparu. La Force et la Concorde conservent seules dans chacune de leurs mains les symboles qu'on leur avait donnés.

En dehors des ébrasures, mais à la même hauteur que les sujets allégoriques du stylobate, on remarque de chaque côté de la grande baie deux bas-reliefs carrés qui sont encastrés dans les contreforts, et qui paraissent rapportés d'ailleurs. Leur style accuse assez nettement le commencement du xiiie siècle

A droite, un personnage de grande taille, qui n'a plus ni tête ni bras droit, vêtu d'une tunique et d'un manteau, les jambes nues, appuyé sur une longue pique, traverse un torrent qui se précipite à travers des rochers; un arbre est devant lui. Au-dessus, Job assis sur son fumier, les bras et les jambes envahis par les vers ; autour de lui, sa femme et ses trois amis, qui se montrent ici bien plutôt disposés à lui donner des témoignages de compassion qu'à tourner en dérision son infortune. On a pensé que le premier bas-relief devait se rapporter aussi à l'histoire de Job, et qu'il représentait le saint homme contemplant les ravages exercés sur ses terres par les torrents débordés. Je préfère bien avouer que, dans l'état actuel de la sculpture, toute explication m'échappe.

A gauche, Abraham debout près d'un autel carré; un ange sortant d'un nuage pour lui parler ; à côté de l'autel, un fagot de bois, et un peu plus loin un buisson dans lequel s'embarrasse le bélier destiné au sacrifice. Les bras du saint patriarche, Isaac tout entier et une partie de l'ange

manquent aujourd'hui. Le sujet du dernier bas-relief, placé
au-dessous, est aussi rare que curieux. Un guerrier en cotte
d'armes, coiffé d'un casque bas et pointu, tenant un bouclier, chaussé de longs éperons, franchit fièrement les degrés d'une terrasse crénelée pour mieux lancer un grand
javelot contre un soleil flamboyant ; une coupole d'une
forme tout orientale surmonte la tour quadrangulaire d'un
édifice voisin. C'est Nemrod, qui, d'après d'antiques traditions ravivées dans les commentaires du Coran, monte tout
armé sur une immense tour qu'il avait élevée, pour faire la
guerre au ciel et à ses habitants[1]. On pourrait sans peine
rattacher ces quatre bas-reliefs à la série des vertus et des
vices : Nemrod personnifierait l'orgueil aveugle ou l'impiété
poussée à ses extrêmes limites ; Abraham, la soumission
absolue aux ordres de Dieu ; Job, la résignation et la con-
fiance sans bornes en la miséricorde divine.

Cette interprétation s'éloigne un peu des explications
bizarres qui ont été produites depuis le xvie siècle, par les
Hermétistes, Gobineau de Montluisant à leur tête. Job
serait la pierre philosophale qui passe par les épreuves les
plus diverses avant d'acquérir sa vertu finale ; Abraham,
l'artisan, le praticien, Isaac, la matière dans le creuset ;
l'Ange, le feu nécessaire pour la transformation. Un corbeau de pierre aurait l'œil fixé sur le lieu où les alchimistes
ont enterré trois rayons du soleil, qui deviendront or au
bout de mille ans révolus, et diamants après trois fois
mille. Le savant Dupuis, dont l'intervention a pu, comme

[1] Nous devons ce renseignement à l'obligeance de M. Didron.
Si nous voulions restituer à notre savant ami ce que nous avons
puisé dans ses écrits ou dans ses discours, il nous faudrait
citer son nom à chaque page. Ses *Annales archéologiques*, son
Manuel d'iconographie chrétienne, son *Histoire iconographique de
Dieu* nous ont fourni une foule de documents précieux.

nous le disions, sauver ces sculptures, n'était guère mieux
dans la voie du sens commun, quand il voyait ici la Vierge
astronomique, le dieu Lumière, et dans le Christ accompagné des apôtres, le soleil qui monte à l'horizon entouré
des signes du zodiaque.

Le stylobate des vertus et des vices, couronné d'une
vigoureuse moulure, servait de base aux statues des douze
apôtres. De minces colonnes, encore en place et coiffées de
chapiteaux feuillagés d'une très-belle exécution, séparaient
ces figures les unes des autres, et chaque statue s'abritait
sous un dais composé de petits édifices d'une grande variété avec tours, pignons, murailles crénelées. Les apôtres,
entièrement détruits en 1793, viennent de reprendre le
poste qui leur appartient. Des chapiteaux ont été placés
au-dessus des statues, comme sur les colonnes. On voyait
encore, il y a peu de temps, les crochets de fer qui avaient
servi à maintenir les anciennes figures. Il reste aussi un
fragment, un seul, des anciens supports ; on y distingue
un fragment de personnage prosterné et une tête de chien.
Les supports des statues ont une certaine importance dans
l'iconographie sacrée. Souvent ils aident à reconnaître et à
nommer telle figure que rien ne caractériserait d'ailleurs.
Il paraît que ceux des nouveaux apôtres ont été empruntés
aux porches de Notre-Dame de Chartres ; on ne pouvait
mieux faire, ne sachant plus quels étaient autrefois ceux
de Paris. Nous pensons que l'on a recherché les rapports qui existaient certainement entre chaque figure
d'apôtre et la vertu placée immédiatement au-dessous.
Dans un monument comme la cathédrale de Paris, rien
n'a été abandonné au hasard. La Foi devra se rencontrer
au-dessous de saint Pierre, la Force ou le Courage avec
son glaive au-dessous de saint Paul, et ce n'est certes pas
sans raison.

Supprimés par Soufflot, les pieds-droits de la porte sont
— maintenant reconstruits. Les vierges sages, avec leurs
— lampes allumées et brillantes, les vierges folles, avec les
leurs éteintes et renversées, y figuraient autrefois, comme
dans une foule d'autres églises, les premières à la droite,
les dernières à la gauche du Sauveur. Le sujet se trouvait
ainsi tout indiqué. M. Pascal a mis beaucoup de finesse et
de sentiment dans l'exécution des reliefs nouveaux. La
parabole de l'Évangile met en action cinq vierges sages et
cinq folles ; elles sont en pareil nombre à Notre-Dame. Au
sommet de chaque pied-droit, dans un sixième compartiment, la porte du ciel, garnie de solides ferrures, s'ouvre
pour les sages et se ferme pour les folles[1].

— Le linteau, entièrement neuf, est supporté par quatre
anges formant consoles. Le tympan se divise en trois zones.
L'ogive de la porte du xviiie siècle en avait fait disparaître
presque toute la zone inférieure et la partie médiane de la
seconde. De la première on ne voyait plus que deux anges,
trompettes en mains, que la restauration n'a pu laisser en
place, obligée de chercher au linteau rétabli des points
d'appui suffisants, mais qui ont été reproduits exactement
— sur le bas-relief nouveau. M. Toussaint a sculpté ici la résurrection des morts ; les sépulcres s'entr'ouvrent, et l'on
en voit sortir, avec des expressions de terreur ou d'espérance, des personnes de toutes conditions. Dans le second
— rang du tympan, M. Geffroy Dechaume a replacé le pèse-

[1] Nous reverrons ces vierges au porche de Saint-Germain-
l'Auxerrois. Si nous sortions de Paris, nous les retrouverions
encore à Saint-Denis. A Rome, sur la façade de Sainte-Marie
in Trastevere, les dix vierges accompagnent la mère de Jésus.
La mosaïque dont elles font partie fut terminée au xive siècle,
par Pietro Cavallini. On cite, au nombre des plus belles représentations de ce genre, les statues de la façade de Notre-Dame
de Strasbourg.

ment des âmes, et quelques autres personnages qui manquaient de chaque côté du groupe central ; les parties
neuves se sont tellement identifiées avec les anciennes,
qu'on n'en fait plus la différence. Au milieu , l'archange
Michel tient la balance. Dans le plateau qui se trouve de
son côté, un petit personnage nu, représentant une âme,
supplie les mains jointes. Dans l'autre, l'âme a déjà quitté
la forme humaine pour revêtir celle de l'enfer. Un démon
hideux s'empare de ce second plateau, qu'un démon plus
petit, caché par-dessous, fait pencher traîtreusement à
l'aide d'un crochet. A droite, la troupe des élus, en longues
robes, couronnes en tête, la sérénité et le bonheur peints
sur leurs visages, se dirige vers la demeure céleste. Les
uns joignent les mains et lèvent la tête vers le Christ.
D'autres sont en marche vers la voussure où se tiennent
des anges chargés de leur servir de guides. Deux époux,
qui viennent de se retrouver pour ne plus être séparés, se
serrent affectueusement la main. Il y a dans leur attitude
une expression charmante de tendresse mutuelle et en
même temps de respectueuse gratitude pour le Christ,
dont ils ne peuvent se résoudre à détourner leurs regards.

A gauche, une longue et forte chaîne tirée par un démon
entraîne les réprouvés, la tête baissée, les yeux pleins
d'angoisse et d'abattement. Une femme paraît la première,
sans doute en expiation de la désobéissance d'Eve ; puis, le
mauvais évêque, mitre en tête, des femmes mondaines
coiffées de toques, des laïcs, un diacre en dalmatique, un
roi couronné. Le clergé, la noblesse, le peuple, ont fourni
leur contingent. Les personnages revêtus d'insignes sacrés
sont plus atterrés et plus honteux que les autres. Un démon,
pour hâter la marche, pousse les derniers par les épaules.

Au-dessus, le Juge suprême est assis sur son tribunal,
avec la terre pour escabeau sous ses pieds. La draperie qui

lui sert de vêtement laisse à découvert tout le côté droit.
Le visage a une expression belle et sévère. La main gauche
est ouverte et levée ; on y aperçoit le stigmate de la croix.
La main droite, qui faisait sans doute le même geste, est
restaurée. Nous n'insistons pas sur les détails, la nudité
des pieds, la barbe, le nimbe croisé ; ils sont en tout con-
formes aux traditions de l'iconographie.

Deux grands anges, debout aux côtés du Christ, montrent les instruments de la Passion, dont la présence
absout les uns et condamne les autres. L'ange de la droite
porte dans une de ses mains, respectueusement recou-
verte d'une étoffe, trois clous de dimension énorme ; il
tient dans l'autre la lance. L'ange de la gauche tient avec
les deux mains nues une croix dont l'extrémité touche à
terre. Le sculpteur aurait-il pensé que les clous qui ont
percé les membres du Christ méritaient encore plus de
vénération que la croix ?

Un peu en arrière des anges, la Vierge à droite, saint
Jean l'Évangéliste à gauche, intercèdent à genoux et
mains jointes pour les hommes. La Vierge porte la couronne, le voile, la robe et le manteau. Saint Jean est très-
jeune, imberbe, vêtu d'une longue robe et les pieds nus[1].
Les Orientaux représentent saint Jean l'Évangéliste très-
avancé en âge, comme à l'époque de sa mort. L'Église
latine préfère le voir toujours jeune, comme il était à la
Cène et sur le Calvaire. Ce groupe de cinq figures, qui
remplit l'ogive du tympan, est un des chefs-d'œuvre de
la plastique du xiiie siècle. On a pu en admirer toutes les

[1] Afin de ne pas nous répéter indéfiniment, disons une fois
pour toutes qu'à Notre-Dame les règles qui déterminent la forme
des nimbes, et qui exigent que certains personnages aient les
pieds déchaussés, sont d'ordinaire exactement observées. Nous
signalerons seulement les exceptions.

finesses, au moyen des échafaudages dressés pour la réparation du portail. On s'est assuré aussi que la sculpture n'avait pas été exécutée sur place, mais dans l'atelier, ou sur le chantier, comme on dit en termes du métier.

La voussure est une des plus belles et des plus importantes qui existent. Elle n'a pas moins de six rangées de figures. Pour bien suivre le sujet, il est nécessaire d'en séparer le premier groupe ou personnage de chaque cordon, qui se rattache à la scène du jugement, quelquefois même aussi le second, et de réserver le surplus. Ainsi à droite, au premier cordon, deux élus, couronne en tête et mains jointes, qui ne paraissent qu'à mi-corps; un ange debout, placé là pour accueillir les justes qui viennent à lui de la seconde zone du tympan. Au deuxième cordon, Abraham, assis entre deux arbres, exerçant la fonction qui lui est dévolue, de recevoir les âmes dans son sein, suivant les paroles de Jésus-Christ lui-même; il tient des deux mains une nappe, où trois petites figures humaines, joignant les mains et vêtues de tuniques, représentent des âmes sauvées.

Au troisième cordon et au quatrième, deux patriarches assis; le premier porte de la main droite une palme fleurie; le second n'en a plus que le tronçon inférieur. Deux arbres croissent derrière chacun de ces personnages. Ce sont certainement Isaac et Jacob. Leur visage est barbu et leur tête accompagnée du nimbe. Les palmes sont le symbole de leur triomphe dans le ciel. Les arbres attestent que ces chefs choisis du peuple de Dieu sont nos ancêtres à la fois selon la chair et selon l'esprit. A chacun des deux derniers cordons, le cinquième et le sixième, deux groupes d'élus, composés chacun de trois figures, douze en totalité, souriantes, couronnées, sortent à mi-corps de petits édifices, images de la cité de Dieu, la Jérusalem

céleste. Les femmes se distinguent des hommes à la longueur de leurs chevelures. Deux des édifices sont crénelés
comme les tours mystérieuses de l'Apocalypse.

Nous avons à parcourir de la même manière les groupes inférieurs des six cordons, du côté gauche. 1° Au milieu des flammes infernales, une chaudière, sur les parois
de laquelle rampent des crapauds, et dont l'intérieur est
habité par d'affreux démons tout hérissés. L'un enfonce
avec un croc dans la chaudière un damné qui vient d'y
tomber. Un autre, armé d'un instrument semblable, attend
un malheureux dont le corps, enveloppé de flammes, traverse en ce moment même, la tête en bas, une gueule
pareille à celle d'un hippopotame. Les dents du monstre le
broient au passage.

2° Groupe d'une énergie sombre et sauvage. Sur ce
cheval pâle de l'Apocalypse, qui est lui-même une espèce
de squelette et qui se cabre, la Mort, femme d'une mai-
greur affreuse et de formes repoussantes, les cheveux
épars, les yeux bandés, une épée à chaque main. Elle
portait en croupe l'Enfer, qui tombe à la renverse; c'est
un homme nu, horrible à voir, ses entrailles lui sortent
du ventre, ses cheveux traînent dans la poussière.

3° Un entassement effroyable de démons, de serpents et
de damnés.

4° Un personnage à cheval, imberbe, l'air insolent. L'attribut que tenait sa main gauche est un fouet. C'est un de
ces cavaliers qui, dans la vision de saint Jean, sont envoyés
pour dépeupler le monde, et qui se nomment la Guerre ou
la Famine.

5° Un gros démon, tirant la langue, assis sur un mon-
ceau de damnés qu'il accable de son poids; bouche horri-
blement fendue, oreilles dressées, anneaux de fer au cou
et aux pieds. Un démon plus petit, mais peut-être encore

plus laid, enfonce une barre de fer dans le corps d'un ré-
prouvé. Un malheureux, en proie à mille tortures, debout,
le visage tourné vers la muraille, lève avec désespoir la
tête vers le ciel, comme pour le maudire.

6° Groupe encore plus effrayant que ceux qui le précè-
dent. Démons armés de crochets de fer. Damnés jetés à la
renverse, qui s'arrachent les cheveux, et s'entre-déchirent
de leurs mains crispées, se servant ainsi à eux-mêmes de
bourreaux, tandis que des crapauds s'acharnent à ronger
leurs chairs. Un démon, debout au sommet du groupe,
élève et montre avec un rire féroce un tableau sur lequel
il écrit sans doute la condamnation des réprouvés. Ce
prince de l'enfer bande un arc avec ses dents, et dirige
une flèche sur le groupe des damnés. Le bois de l'arc est
tenu par un autre démon. Un troisième diable perce un
damné d'une lance; il a une jambe de bois maintenue à
sa cuisse gauche par une courroie.

Le démonographe de Notre-Dame a déployé une imagi-
nation singulière dans les formes de ses diables et dans
l'invention de ses supplices. On croit d'ailleurs à tort que
des indécences révoltantes se rencontrent dans les groupes de l'Enfer; nous avons tout examiné avec une extrême
attention; il n'y en a pas ombre[1].

Au-dessus, la scène change; les cordons de la voussure,
à la gauche du Christ, aussi bien qu'à sa droite, ne sont
plus peuplés que des anges et des saints qui forment la
cour céleste. Les anges, au nombre de quarante-quatre,
remplissent le premier et le deuxième cordon; ils sortent

[1] Nous ne pouvons mieux exprimer l'impression produite par
ces lugubres figures qu'en citant ces deux vers de la *Légende
d'or*, en l'histoire de saint Jean l'Évangéliste :

Vermes et tenebræ, flagellum, frigus et ignis,
Dæmonis aspectus, scelerum confusio, luctus.

à mi-corps de la voussure, et s'appuient sur la moulure
torique qui en suit les contours, les uns des deux mains,
les autres d'une seule. Ceux qui conservent une main
libre, témoignent par leur geste leurs sentiments d'admiration. Ils ne sont pas rangés verticalement les uns au-
dessus des autres, mais disposés côte à côte de manière à
former une véritable auréole autour du Christ. Rien de
plus fin, de plus charmant que toutes ces têtes juvéniles,
pleines de naturel, de candeur, de grâce et de variété.

— Après les anges, la troupe des prophètes, au troisième
cordon, composée de quatorze personnages assis. Le premier, à droite, est Moïse, et le premier, à gauche, son
frère Aaron. Moïse a les deux tables de la loi dans la main
droite; la gauche semble avoir tenu une hampe qui n'existe
plus, probablement le serpent d'airain; des deux cornes
de la tête il ne restait qu'une portion de la corne gauche. Aaron est coiffé d'un bonnet en pointe comme la
tiare du moyen âge; une aube et une tunique plus courte
pour vêtement; sur sa poitrine, le rational suspendu par
un double cordon; en sa main droite, un débris de la
verge miraculeuse; la main gauche en partie brisée; sur le
rational, les douze pierres, emblêmes des tribus d'Israël,
rangées autour d'une plaque. Les autres prophètes tiennent des banderoles et n'ont aucun attribut caractéristi-
que. Un seul, le cinquième à droite, est imberbe; à ce
signe, on doit reconnaître Daniel. Chacune de ces figures
est surmontée d'un dais, qui sert de socle à la suivante.
Un mascaron, serré entre deux dais, occupe la pointe de
l'ogive.

Seize docteurs assis succèdent aux prophètes, dont ils
sont les interprètes et les commentateurs. Ils garnissent le
quatrième cordon. Ce sont des prêtres imberbes, portant
l'étole, vêtus de l'aube et de la chasuble. Trois ont des

livres ouverts sur leurs genoux ; les autres tiennent des livres fermés. Jolis détails de costumes ; têtes pleines de gravité et d'intelligence. M. Didron a remarqué le premier, comme un fait digne d'attention, qu'à Paris, ville d'étude et de discussion, les docteurs ont à la cathédrale le pas sur les martyrs, contrairement à la règle le plus généralement suivie ; la science passe avant le dévouement.

Le cinquième cordon est attribué à l'armée des martyrs, dont les représentants sont au nombre de dix-huit, jeunes figures d'hommes, assises, imberbes, presque toutes uniformément vêtues de robes et de manteaux. Ceux qui ont gardé leurs mains entières, et c'est à peu près la totalité, tiennent la palme, signe de leur victoire, les uns de la main droite, les autres de la gauche. Les trois personnages les plus élevés vers le sommet de la voussure, deux d'un côté, un de l'autre, portent le manipule et la dalmatique au col galonné. Qui ne reconnaîtrait en eux les trois diacres si tendrement aimés de l'Église romaine, saint Étienne, saint Laurent et saint Vincent ? A la pointe de l'ogive, un petit mascaron comme celui du troisième cordon.

Les vierges ont la dernière place, au sixième cordon ; il y en a dix-huit. Elles sont assises, la tête ceinte d'un bandeau orné de pierreries. Chacune tenait soit de la main droite, soit de la gauche, quelques-unes même des deux mains, un cierge semblable à celui que le moyen âge donne pour attribut à sainte Geneviève. Comme ce dernier cordon se trouve le plus exposé aux injures du temps, les cierges sont tous à peu près détruits. L'attitude de quelques figures indiquerait que de leur main libre elles cherchaient à garantir la flamme. Une seule, la première à droite, n'avait plus de tête, elle vient d'être restaurée. Ces dix-huit femmes sont des modèles de dignité, de grâce et de modestie. Comme aucun attribut ne les distingue, nous nous abstiendrons de leur chercher des noms [1].

Les figures des trois derniers cordons sont abritées par de petits dais comme celles du troisième, excepté seulement les deux statuettes les plus élevées du sixième rang. — Un rinceau d'un style plein de largeur encadre extérieurement l'ogive de la voussure ; ses retombées trouvent pour appuis, du côté du paradis, un personnage humain, à la pose tranquille, au visage souriant ; du côté de l'enfer, un singe grimaçant, vêtu d'une espèce de caleçon, les pieds et les mains armés de doigts crochus.

On remarque, à la grande porte que nous venons d'examiner, des traces nombreuses de coloration et de dorure, surtout dans la partie supérieure du tympan. Le nimbe du Christ y est encore complétement doré. Les *Annales archéologiques* de M. Didron nous fournissent, au sujet de la statuaire de cette porte et de la coloration des figures, un renseignement de la plus haute importance. C'est un extrait de la relation qu'un évêque de la grande Arménie, nommé Martyr, a laissé de son voyage en France, sous le règne de Charles VIII, entre les années 1489 et 1496. Le prélat résume ainsi ses observations sur Notre-Dame de Paris : « La grande église est spacieuse, belle et si admirable, qu'il est impossible à la langue d'un homme de la décrire. Elle a trois grandes portes tournées du côté du couchant. Entre les deux battants de la porte du milieu, le Christ est représenté debout. Au-dessus de cette porte est le Christ présidant au jugement dernier ; il est placé sur un trône d'or et tout garni d'ornements en or plaqué. Deux

---

[1] Après avoir énuméré les principales figures de la porte centrale, l'abbé Lebeuf assure qu'on y voit même des sibylles. Nous n'avons rien trouvé de pareil, et nous pensons que ce savant, qui voyait si bien, se sera cependant trompé une fois.

anges sont debout à droite et à gauche ; l'ange à droite est chargé de la colonne à laquelle on attacha le Christ et de la lance avec laquelle on lui perça le côté. L'ange qui est debout, à gauche, porte la sainte croix. Du côté droit est la sainte mère de Dieu agenouillée, et du côté gauche saint Jean et saint Étienne. Sur la voussure sont les anges, les archanges et tous les saints. Un ange tient une balance, avec laquelle il pèse les péchés et les bonnes actions des hommes. A la gauche, mais un peu plus bas, sont Satan et tous les démons qui le suivent ; ils conduisent les hommes pécheurs enchaînés et les entraînent en enfer. Leurs visages sont si horribles qu'ils font trembler et frémir les spectateurs. Devant le Christ sont les saints apôtres, les prophètes, les saints patriarches et tous les saints, peints de diverses couleurs et ornés d'or. Cette composition représente le paradis, qui enchante le regard des hommes. Au-dessus sont les images des vingt-huit rois, représentés la couronne en tête ; ils sont debout sur toute la longueur de la façade. Plus haut encore, est la sainte Vierge, mère du Seigneur, ornée d'or et peinte de diverses couleurs ; à droite et à gauche sont des archanges qui la servent. » Ce récit, on le voit, est d'une assez complète exactitude ; il vient confirmer sur plusieurs points l'interprétation que nous avons donnée de certaines figures, d'après les règles de l'iconographie. Les souvenirs de l'évêque l'ont seulement mal servi quand il a cru avoir vu, à la gauche du Christ, saint Étienne à genoux à côté de saint Jean. Il n'y a jamais eu dans la partie supérieure du tympan plus de personnages qu'il n'en reste aujourd'hui. Nous constatons avec orgueil que ce prélat d'Arménie, qui avait traversé tant de villes, visité tant d'églises avant d'arriver à Paris, et dont les yeux étaient accoutumés aux splendeurs de la liturgie orientale, proclamait merveilleuse entre toutes par

7

sa structure. par son imagerie et par ses décorations de toute espèce, notre chère cathédrale.

Porte de la Vierge,

La porte de la Vierge s'ouvre au pied de la tour du nord. Par un défaut de symétrie, qui ne nous inquiète guère, et dont le motif ne s'explique pas clairement, la baie est un peu moins haute que celle de la porte Sainte-Anne, placée au bas de la tour méridionale. Une manière de fronton triangulaire, d'une disposition bizarre, soutenu de deux colonnes, enveloppe l'ogive et semble avoir pour fonction de racheter cette légère différence. Architectes et sculpteurs, les artistes de Notre-Dame ont élevé et ciselé avec amour, comme on dit en Italie, cette porte consacrée à la patronne de la cathédrale.

Le pilier-trumeau a perdu les bas-reliefs qui décoraient autrefois sa base, et qui représentaient probablement la chute de la première Ève. Au-dessus se dressait victorieuse l'Ève de la nouvelle alliance, la Vierge portant son fils et foulant aux pieds le dragon[1]. Cette statue est remplacée par une autre Vierge de pierre, sculptée au xve siècle, d'un style sec et maniéré, qui provient de l'ancienne église de Saint-Aignan au cloître. Cette dernière figure n'a été mise au trumeau qu'en 1818. Elle est voilée, couronnée, vêtue de la robe et du manteau. Son bras gauche soutient l'enfant et sa main droite porte un bouquet. L'enfant tient un globe. Sur le socle un lion endormi; n'est-ce pas ce lion de la tribu de

[1] Ce dragon a une tête de femme, deux pattes armées de griffes, deux ailes. Sa longue queue écaillée se développait autour du tronc d'un pommier chargé de fruits.

Juda, dont l'Écriture nous avertit de redouter le réveil ?
Deux anges très-mutilés servent de consoles au dais trilobé
qui fait abri à la statue. Un peu plus haut, un riche édi-
cule, ouvert par trois arceaux, avec colonnettes, pignons
et clochetons, renferme une châsse oblongue décorée de
plusieurs rangs de médaillons. Les litanies donnent à la
Vierge le titre d'arche d'alliance ; ce coffre précieux en est
ici la représentation. Le petit temple partage en deux la
partie inférieure du tympan.

Le bas-relief du tympan se divise en trois zones comme
celui du jugement dernier. Dans la première, à droite,
trois prophètes, assis sur un même banc, la tête couverte
d'un long voile qui leur retombe sur les épaules, admirables de gravité, tenant tous ensemble déroulée une même
banderole sur laquelle ils méditent avec une attention profonde ; à gauche, trois rois couronnés, dans la même
attitude que les prophètes, occupés de la même manière et
non moins remarquables par l'intelligence de leur physionomie. La Vierge a pour cortége aussi les prophètes qui
l'ont annoncée, et les rois dont elle est descendue. En
arrière, huit colonnes décorent le fond de la muraille.

Au second bas-relief, deux anges inclinés tiennent, avec
la plus respectueuse délicatesse, les extrémités d'un suaire
où repose étendu le corps de la Vierge. La mère de Jésus
est jeune, pleine de grâce, les mains croisées sur la poitrine. Elle a pour tombeau un élégant cercueil de pierre,
orné de quatrefeuilles et d'autres compartiments. Près
du cercueil, vers le milieu, le Christ est debout, la main
gauche penchée vers le corps de sa mère, la droite levée
sans doute pour la bénir. Cette main droite est cassée.
Quatre apôtres se tiennent de chaque côté du divin maître.
A la tête du tombeau sont assis l'un près de l'autre, saint
Pierre avec deux longues clefs en la main gauche, et un

des douze que rien ne caractérise. Aux pieds on voit également assis, près d'un apôtre innommé, saint Jean, qui se fait reconnaître à son extrême jeunesse et à son visage imberbe. Un arbre termine la scène à chaque bout. Les attitudes et les expressions des apôtres traduisent bien leur douleur. Saint Pierre se distingue entre tous par sa tristesse. La place que les deux anges occupent, en avant du groupe principal, n'a pas permis de leur donner de nimbes.

Dans le haut du tympan, Marie glorifiée paraît comme reine des anges et des hommes. Assise à la droite de son fils qui la bénit, elle vient de recevoir sa couronne des mains d'un ange sortant d'une nuée au sommet de l'ogive. La tête du Christ est également couronnée. Deux anges, un genou en terre, portent chacun à deux mains un chandelier, l'un complet avec son cierge, l'autre en partie brisé.

Pour bien se rendre compte du sujet de ces belles sculptures, il faudrait lire dans la *Légende d'or* le poétique récit de la mort de Marie. Enlevés sur des nuées des endroits où ils annonçaient le salut, les apôtres se trouvèrent réunis tous les douze dans la maison de la Vierge. Et quand ils lui eurent rendu les derniers devoirs en portant son corps dans la vallée de Josaphat, Jésus vint à eux le troisième jour, accompagné d'une multitude d'anges. « Quel honneur, dit-il, pensez-vous que je doive conférer à celle qui m'a enfanté? » Et les apôtres répondirent : « Il paraît juste à vos serviteurs, Seigneur, que vous qui avez triomphé de la mort à jamais, vous ressuscitiez le corps de votre mère, et que vous le placiez à votre droite pour l'éternité. » Et ainsi fut-il.

La scène se complète par la voussure tout historiée de personnages. Marie a pour témoins de son triomphe les anges, les patriarches, les rois ses aïeux, et les prophètes. Les figures se disposent sur quatre rangs, quatorze au premier comme au second, seize au troisième, aussi bien qu'au dernier, soixante en totalité. Chacune se place sous un petit dais en château, qui sert de socle à la suivante. Le premier personnage de chaque cordon, à droite et à gauche, est en pied; les autres ne se font voir qu'à mi-corps. Les huit figures principales sont six prophètes et deux rois placés debout, presque semblables à ceux qui siégent dans le tympan; leurs mains tiennent des bande-roles qu'ils considèrent avec attention et dont ils semblent méditer le sens. Il y en a qui se communiquent leurs ré-flexions. Un prophète compte avec ses doigts, comme s'il supputait les temps de la venue du Messie ; un autre est coiffé d'un bonnet en forme de conque. Les autres per-sonnages sont, au premier rang, douze anges, dont six portent en leurs mains des chandeliers, tandis que les autres tiennent l'encensoir de la main droite, la navette de la gauche; au second, douze personnages, dont un seul imberbe, presque tous avec des banderoles dépliées ou roulées ; au troisième, douze rois, dont deux imberbes, et deux prophètes, tous avec des banderoles, les rois couron-nés et tenant les débris de leurs sceptres qui se sont brisés , au quatrième, quatorze prophètes ou patriarches qui ont aussi des banderoles à la main. L'un des rois imberbes est Salomon. Lorsque cette porte entière était brillante d'or et de couleur, telle que l'évêque arménien, la vit, il y a bientôt quatre siècles, le nom de chaque personnage se lisait certainement sur la banderole, ou bien quelque texte qui servait à en constater l'identité, à défaut de tout attri-but spécial. Il ne peut d'ailleurs exister d'incertitude sur la signification de tous ces personnages considérés dans leur ensemble, et il n'y aurait, nous le pensons, qu'un in-

térêt secondaire à les nommer individuellement. Tous ces
rois, prophètes et patriarches sont décorés du nimbe.

Un rinceau magnifique, habité par quelques oiseaux, encadre l'ogive de la voussure. Il représente certainement un
de ces arbres merveilleux dont les *bestiaires* du moyen âge
nous décrivent les mystères et les propriétés.

Il nous reste encore beaucoup à voir dans les ébrasures
et le long des pieds-droits de la porte de la Vierge. Une
arcature saillante, élevée sur un petit socle, et formant stylobate, décrit de chaque côté cinq arcs en ogive. Les colonnettes qui les soutiennent ont pris une teinte noire,
luisante comme du métal ; on croirait qu'elles ont été
pénétrées d'une préparation destinée à les garantir de
l'humidité. En arrière des colonnes s'ajustent de petites
cloisons dont une est travaillée à jour. Sur le fond des
baies courent de légers rinceaux gravés en creux. Un petit
bas-relief carré, surmonté d'un fleuron, s'incruste dans
le tympan de chacune de ces baies, et de plus diverses
figures sont placées en dehors, entre les retombées des
arcs. Rien n'est à négliger, nous l'avons dit, dans les monuments des hautes époques du moyen âge. Ces bas-
reliefs et ces figures sont des indices suffisants pour que
nous puissions dire les noms de la plupart des statues
autrefois posées sur le stylobate, et détruites depuis plus
d'un demi-siècle. Les statues étaient au nombre de huit,
quatre dans chaque ébrasure. En réunissant les renseignements, trop sommaires cette fois, que nous a laissés l'abbé
Lebeuf, et les détails que nous trouvons dans quelques
autres auteurs, nous aurions lieu de croire que ces figures
représentaient, à droite, saint Denis[1] entre deux anges,
et un personnage douteux ; à gauche, saint Jean Bap-

---

[1] Saint Denis est souvent sculpté ou peint de cette manière
sur les façades et dans les vitraux, du XIIIe au XVIe siècle. D'après

tiste, saint Étienne, sainte Geneviève et saint Germain
d'Auxerre. Les bas-reliefs et les supports, qui correspondaient aux grandes statues, nous offrent en effet les sujets
suivants : pour les deux anges, en bas-reliefs, deux épisodes du grand combat qui se fit dans le ciel entre les anges
fidèles et les rebelles[1]; en supports, un lion et un oiseau
monstrueux, symboles de ces puissances que les anges
foulent aux pieds ; pour saint Denis, le martyre du saint
apôtre agenouillé, en costume d'évêque, qu'un bourreau
s'apprête à frapper du glaive, et dont le sang va féconder
une vigne déjà vigoureuse plantée par ses mains ; un autre
bourreau armé d'une hache ; pour saint Jean, un bourreau
qui tient par les cheveux la tête nimbée du saint Précur-
seur, et qui la donne à la fille d'Hérodiade ; un personnage
en longue robe, probablement le roi Hérode ; pour saint
Étienne, le premier martyr, à genoux, vêtu en diacre, béni
par une main divine qui sort d'une nuée, tandis qu'un juif
lève à deux mains une grosse pierre pour lui briser la tête ;
un lapidateur tenant une pierre ; pour sainte Geneviève,
une sculpture malheureusement mutilée qui représente la
sainte bénie, comme saint Étienne, par la main de Dieu,
et recevant l'assistance d'un ange[2]; plus haut, un démon

la légende, des anges l'assistaient, tandis qu'il cheminait portant
sa tête entre ses mains.

[1] La scène se passe, en effet, au moins dans un des bas-reliefs,
sur un fond de ciel étoilé. Les anges sont en vêtements longs ;
leur main droite tient une lance ; la gauche s'appuie sur un
bouclier. Des deux démons terrassés, l'un a la forme d'un singe,
l'autre celle d'un reptile ; ils ne sont pas de taille à faire la
moindre résistance.

[2] Nous croyons que ce bas-relief représentait la sainte rendant
la vue à sa mère. On attribue cette guérison miraculeuse à
l'eau d'un puits qui est encore en vénération dans le bourg de
Nanterre. Un puits se voit, en effet, dans notre sculpture.

tout hérissé de poils. Toutes ces figures, d'une exécution
très-fine et très-soignée, ont été fort maltraitées ; il manque des têtes, des bras et des attributs. La statue indiquée
par l'abbé Lebeuf comme celle de saint Germain, pourrait
bien avoir été celle d'un pape, si l'on tient compte de
quelques gravures anciennes. On a pensé que c'était un
saint Sylvestre. Le bas-relief nous montre un pape tenant
une clef de la main gauche et parlant à un prince qui porte
sur la tête une couronne fermée ; ce serait saint Sylvestre
et Constantin, le pape et l'empereur, le pouvoir des clefs
et celui du sceptre, le gouvernement temporel et le règne
spirituel. Le support est une ville, avec sa porte fortifiée
et son enceinte, peuplée de hautes tours carrées qui rap-
pellent l'aspect de certains quartiers de Rome. Dans le
bas-relief, saint Sylvestre n'a pas de nimbe ; il est en chasuble, avec tiare de forme conique. Aux côtés de la place
assignée à sainte Geneviève, vers la hauteur de la tête, on
retrouve les vestiges d'un démon entouré de feu, qui s'ef-
forçait d'éteindre le cierge de la sainte, et ceux d'un ange
sortant d'une nuée pour en rallumer au besoin la flamme.
L'abbé Lebeuf nous apprend que la huitième statue était
celle d'un roi, mais il a négligé de nous donner son opinion sur le nom de ce personnage. Nous voyons en bas-
relief un roi agenouillé déroulant une longue banderole,
aux pieds d'une femme assise, voilée, couronnée, nimbée,
un bout de palme ou de sceptre à la main gauche ; en support, un quadrupède sur la croupe duquel se tient un
oiseau [1]. Le bas-relief semble une dédicace ou une consécration. Mais les renseignements nous manquent pour une

[1] Afin de trouver un sens à ce support, on a prétendu que
l'ancienne statue était celle du diacre saint Vincent et non celle
d'un roi. Mais le témoignage de l'abbé Lebeuf est trop affirmatif
pour qu'on puisse l'attaquer.

interprétation plus précise. De chaque côté de l'ébrasement, à la première et à la dernière ogive de l'arcature, il y a encore plusieurs figures, dont les unes rentrent dans une suite de sujets appartenant à un zodiaque, tandis que les autres, telles qu'un corbeau et un autre oiseau perché sur un arbre, ne paraissent pas avoir d'application aux anciennes statues. D'ailleurs, d'après la disposition de ces huit statues, les huit supports et les huit bas-reliefs que nous avons décrits ci-dessus y correspondaient seuls d'une manière directe.

Sur le soubassement, de chaque côté, cinq colonnes accompagnaient les figures, et quatre chapiteaux, faisant suite à ceux des colonnes, se montraient au-dessus de ces mêmes statues. Chacune d'elles avait de plus son dais à trois lobes, décoré de tourelles. Les deux rangées de statues s'encadraient chacune entre le pied-droit de la porte et un pilastre d'angle, debout à l'entrée de la baie. Le pilastre de droite, comme celui qui le répète à gauche, est sculpté de quatre arbres superposés, qui paraissent appartenir à la flore indigène, et qui ne peuvent manquer d'avoir un sens allégorique; nous avons reconnu le chêne, le châtaigner, le rosier et le hêtre.

Trente-sept bas-reliefs, sculptés sur les deux faces de chacun des pieds-droits de la porte, sur les côtés du pilier-trumeau, et jusque sur les dernières travées de l'arcature du soubassement, composent une espèce de vaste tableau de l'année, un almanach de pierre, où nous trouvons la mer et la terre, les douze signes du zodiaque, les occupations qui se succèdent pendant les différents mois de l'année, et les délassements permis à ceux sur lesquels ne pèse pas dans toute sa rigueur la dure loi du travail. Des représentations du même genre existent dans un grand nombre de cathédrales et dans beaucoup d'églises de second ordre,

8

soit en sculpture, soit en vitraux ; mais rarement elles sont aussi développées qu'à Notre-Dame. Le sculpteur a épuisé son sujet, afin de remplir tout l'espace dont il avait à disposer. Voici l'indication, en peu de mots, de tous les bas-reliefs :

A droite, la Mer, ou l'Océan, personnage à cheval sur un énorme cétacé ; il tient soulevée de la main droite une barque munie d'une voile carrée, et flottant à la surface des ondes. Puis les signes des mois du premier semestre de l'année ; le Verseau, assis sur la queue du même monstre ; personnage nu, enveloppé de deux jets d'eaux courantes[1] ; les Poissons, posés dans l'eau, en sens inverse l'un de l'autre, et réunis par un filet dont les deux extrémités leur entrent dans la bouche ; le Bélier, qui marche dans une prairie, entre des arbres ; le Taureau, qui s'avance au milieu d'une végétation abondante ; les Gémeaux, jeunes gens debout, en longues robes, dont l'un passe fraternellement le bras droit autour du cou de son compagnon, qui tient une fleur ; le Lion, en colère, debout, se dressant contre un arbre. Le poseur, chargé de mettre à leur ordre les assises sur lesquelles sont sculptés les signes, a commis une erreur assez notable, en plaçant au sixième rang le Lion du mois de juillet, au lieu de l'Écrevisse du mois de juin.

Sur le retour du même pied-droit, les occupations des six premiers mois correspondent à chacun des signes. Janvier : un homme à table ; un serviteur fléchit le genou devant lui ; des mutilations ont fait disparaître la table et d'autres accessoires. Février : un personnage assis, les épaules couvertes d'un manteau court ; il semble revenir d'une longue course, pendant laquelle il aurait subi les

[1] Sculpture très-endommagée. Le Verseau devait tenir une urne d'où les eaux s'échappaient en abondance.

intempéries de la mauvaise saison; il se déchausse pour
mieux se réchauffer les pieds devant un brasier; près de
lui sont appendues ses provisions d'hiver, un jambon et des
saucisses. Mars : un paysan émonde la vigne. Avril : un
personnage debout, privé par des mutilations de sa tête et
de ses mains; on voit seulement à ses pieds, de chaque
côté, une petite gerbe. Mai : un jeune homme tenant une
fleur de la main droite, et un oiseau, peut-être un faucon
pour la chasse, sur la main gauche. Juillet : un paysan
court vêtu porte sur son dos un énorme paquet de foin.
Nous trouverons sur l'autre pied-droit le signe du mois de
juin et le faucheur qui l'accompagne.

Le moyen âge aimait à exprimer les diverses notions les
plus usuelles sous une forme quelquefois bizarre, mais qui
avait toujours le mérite de venir en aide à la mémoire.
Ainsi a-t-il fait pour les différentes occupations des mois.
On a souvent cité ces quatre vers didactiques, d'une latinité
douteuse, mais d'une précision extrême, qui trouvent leur
application presque mot pour mot à la cathédrale de Paris.
Ils ont été certainement composés par un homme du
Nord; l'ordre dans lequel il place la fenaison et la moisson
suffit pour le prouver :

> Poto ligna cremo. de vite superflua demo.
> Do gramen gratum. mihi flos servit. mihi pratum.
> Fœnum declino. messes meto. vina propino.
> Semen humi jacto. pasco sues. immolo porcos.

Six bas-reliefs, étagés sur un des côtés du pilier-trumeau font face aux occupations des six mois que nous
venons de mentionner, et leur servent en quelque sorte de
corollaire. Ce ne sont plus en général des travaux d'une
nature pénible, mais plutôt des manières de passer le
temps. Au mois de janvier, le travailleur n'a rien de mieux
à faire que de se tenir chaudement, jusqu'à ce qu'il puisse

se remettre à la besogne ; l'homme de loisir s'installe aussi auprès de son foyer, par plaisir non moins que par nécessité. Nous voyons ici un homme bien vêtu, le capuchon relevé sur la tête, qui se chauffe les pieds et les mains devant un grand feu ; deux piles de bois sont placées en réserve sur des crochets fixés dans le mur. Le bas-relief qui suit s'est évidemment égaré de ce côté ; un homme du peuple, en vêtements courts, s'appuie sur un bâton, et son dos plie sous le poids d'une lourde charge de bûches ; près de lui, un arbre complétement dépouillé de son feuillage. Un jeune homme debout, les mains croisées sous son manteau, profite des premiers jours du printemps pour se promener. Au mois d'avril correspond une sculpture fort singulière ; pour exprimer le passage du froid à la chaleur, l'artiste a représenté un personnage couché à deux têtes, l'une engourdie par le sommeil, l'autre bien éveillée et les yeux ouverts ; toute une moitié du corps est chaudement vêtue, l'autre nue et débarrassée d'habits désormais incommodes. Le personnage du mois de mai s'est dégarni tout le haut du corps et ne garde qu'un caleçon. Celui du mois de juin est complétement déshabillé et se dispose sans doute à prendre un bain.

Les sujets des six premiers mois suivent une marche ascensionnelle, comme celle du soleil lui-même pendant cette période de l'année, et s'élèvent avec les piliers de bas en haut. Ceux du second semestre se succèdent en sens inverse et descendent de la partie supérieure des pieds-droits pour s'arrêter à leur soubassement.

Les signes du zodiaque reprennent leur cours sur le côté externe du pied-droit à gauche de la Vierge. Nous avons dit par suite de quelle interversion le mois de juillet a pris la place du mois de juin. Par compensation, l'Écrevisse supplante ici le Lion ; elle est complète et bien armée·

Le signe de la Vierge, brisé par hasard, ou supprimé à
dessein, nous ne savons, a pour successeur un personnage
qui n'est autre qu'un sculpteur ou un tailleur de pierre,
et dont le style, ainsi que le costume, accuse une époque
quelconque du xviiᵉ siècle. Une femme mutilée tient dans
la main gauche un débris de la Balance du mois de septembre. Le Scorpion d'octobre n'a plus de tête, mais seulement six pattes et une longue queue. Le Sagittaire est
une figure sans sexe, toute cassée et déformée, au-dessus
d'une des archivoltes de l'arcature. Enfin, le Capricorne de
décembre, privé de sa tête, ne conserve pas même en entier
son corps debout sur deux pattes, avec une queue repliée.

Les travaux se développent dans le même sens que les
signes. Un faucheur aiguise sa faux ; jolie pose et mouvement bien rendu. Un moissonneur, en cotte très-courte,
une poignée d'épis dans la main gauche ; la droite qui
tenait la faucille a été cassée ; devant lui, plusieurs gerbes
coupées. Un vendangeur vêtu, entré jusqu'à mi-corps dans
une grande cuve solidement cerclée. Un semeur, tenant
d'une main le grain dans un pli de son manteau ; l'autre
bras n'existe plus. Un porcher fait tomber des glands pour
nourrir ses animaux. Un homme assomme un porc destiné
à lui fournir sa nourriture pendant l'hiver.

Les bas-reliefs du trumeau qui complètent, pour la seconde moitié de l'année, la vie commode et facile du riche
ou du citadin, sont mutilés et ne conservent plus les caractères ni les attributs qui serviraient à en expliquer le
sens. Pour les mois de juillet, d'août et de septembre,
nous voyons trois personnages barbus, assis, dont l'attitude semble annoncer une oisiveté absolue : ils ont tous le
bras droit facturé, et rien ne fait plus connaître quel genre
de distraction ils pouvaient prendre. En octobre, un jeune
homme part pour la chasse, suivi de son chien et portant

un faucon sur le poing gauche. Les deux personnages suivants, le dernier surtout, ont éprouvé de telles avaries, qu'on n'en a plus rien à dire.

Dans le tympan d'une des ogives de l'arcature du stylobate, en face de l'Océan, la Terre est représentée sous la forme d'une femme forte, assise et comme immobile sur son siége. Sa droite tient une haute plante herbacée qui sort d'un vase; sa gauche, un chêne chargé de glands. Une jeune fille, personnification de la race humaine, s'agenouille dans le giron de sa mère et lui saisit la mamelle droite, où elle puise la vie[1]. Ce beau et curieux basrelief a par malheur beaucoup souffert.

Le zodiaque de Notre-Dame se conforme aux usages de l'année ecclésiastique. Il commence avec le mois de janvier, tandis qu'au XIIIe siècle, et jusqu'à la réforme du calendrier, sous le règne de Charles IX, l'année civile ne s'ouvrait qu'à Pâques. La coutume de sculpter des zodiaques aux façades des églises remonte aux premiers siècles chrétiens. On en trouve un sur les murs de marbre de l'ancienne cathédrale d'Athènes. L'Italie en possède un très-grand nombre en sculpture, en peinture et même en mosaïque. En France, il est peu d'églises d'une certaine importance qui n'en présentent au moins un. L'église de Saint-Denis en avait un en mosaïque, un autre gravé en creux sur les dalles des chapelles absidales, et un troisième en bas-relief sur sa façade. Le dernier subsiste; il est aussi resté quelques fragments des deux autres. A Notre-Dame, il se pourrait faire que le sculpteur n'ait pas seulement voulu s'assujettir à une tradition généralement suivie, mais encore convoquer la nature entière au triomphe de la Vierge.

[1] Les représentations de la Mer et de la Terre sont expliquées et gravées, *Annales archéologiques*, t. IX.

Porte Sainte-Anne.

La troisième porte de la façade s'ouvre au pied de la tour méridionale ; elle est, comme nous l'avons dit dans les premières pages de ce livre, composée de fragments appartenant à un édifice plus ancien qu'aucune des parties visibles de la cathédrale actuelle, et probablement tirés de l'église restaurée par Étienne de Garlande. Il est difficile d'admettre, en effet, que les fragments considérables, reposés autour de la porte Sainte-Anne au commencement du xiiie siècle, aient pu appartenir aux constructions entreprises par Maurice de Sully, de 1160 à 1196. En supposant que l'illustre prélat eut fait commencer le portail occidental en même temps que le chœur de la cathédrale, la sculpture qui eut décoré les portes d'une façade à peine sortie de terre en 1170, se fut rapprochée de celle exécutée à la même époque à Senlis, à Mantes, à Sens, et n'eût plus été empreinte d'un caractère hiératique aussi prononcé. Les nombreux et magnifiques fragments du xiie siècle, replacés au xiiie par l'architecte de la façade de Notre-Dame, ne peuvent être postérieurs aux sculptures du portail Royal de Chartres, des portes du nord et de la façade occidentale de l'Église abbatiale de Saint-Denis ; elles seraient plutôt leurs aînées ; car, au centre de l'Ile de France, à Paris, la sculpture est en avance de quelques années sur celle des provinces voisines. Nous sommes donc obligés d'admettre que ces fragments de la porte Sainte-Anne doivent avoir été sculptés avant l'année 1240, c'est-à-dire au moment où l'archidiacre Etienne de Garlande fit exécuter des travaux importants à l'église de la Vierge, démolie plus tard pour faire place à la cathédrale actuelle. Ce qui ne saurait être mis en doute, c'est que l'architecte de la façade nouvelle replaça respectueuse-

ment un tympan, un linteau, des voussures, des statues,
et des consoles de la première moitié du xiie siècle, autour
de la porte percée sous la tour du Sud, comme à Bourges
vers 1225 on incrusta des fragments d'une église antérieure dans les ébrasements et au-dessus des portes
nord et sud de la cathédrale. A la porte Sainte-Anne
de Paris les sculptures romanes durent s'accommoder aux
formes générales des deux autres portes, dont il n'était
pas permis de troubler l'harmonieuse disposition. L'ogive
du tympan était émoussée et comme incertaine : on y
ajouta une pointe. Ce tympan manquait de hauteur : il fut
agrandi d'une zone de sculptures au-dessous des deux
rangées qu'il avait déjà. Les personnages de la voussure
n'étaient pas en nombre suffisant pour remplir la baie
ainsi modifiée : ils reçurent dans leurs rangs quelques
compagnons nouveaux.

Le stylobate orné d'arcatures ogivales, avec leurs colonnettes, leurs archivoltes bordées de billettes, et leurs
fonds semés de fleurs de lis en creux, qui garnit les ébrasures de la porte Sainte-Anne, a été refait depuis peu ;
l'ancienne décoration avait subi de fâcheuses dégradations
et appartenait au xiiie siècle. Au-dessus de cette base, il y
avait place de chaque côté pour quatre statues accompa-
gnées de colonnettes, de splendides chapiteaux et de
dais en forme de châteaux [1]. L'abbé Lebeuf, si bon juge
en pareille matière, croyait que ces figures étaient antérieures à la porte où elles se trouvaient posées, et qu'elles
avaient été réservées de quelque autre église. Il y recon-

---

[1] Les chapiteaux sont enveloppés de branches entières de
chêne, d'orme, de vigne, etc.

Les dais sont de véritables châteaux-forts en miniature, qui
méritent une attention particulière. On y découvre une foule de
détails intéressants sur les constructions civiles et militaires.

naissait d'abord saint Pierre et saint Paul. Deux reines
placées chacune entre deux rois, lui paraissaient être la
reine de Saba et Bethsabé, symboles bibliques de l'Église.
Un des rois, tenant un instrument à cordes, était David ;
un autre, Salomon. Le troisième et le quatrième représentaient des personnages de la généalogie royale de la
Vierge. Ces effigies de rois et de reines, d'une forme longue et d'un travail minutieux, semblaient les plus anciennes de toute la basilique. Nous pensons qu'elles ressem-
blaient fort à celles du portail occidental de la cathédrale
de Chartres. Elles sont gravées dans les *Antiquités* de
D. Montfaucon, avec des noms mérovingiens ; le David
y prend celui de Chilpéric Ier, qui se croyait, dit-on, un
peu musicien ; les autres passaient, nous ne savons en
vertu de quels renseignements, pour Clotaire Ier et Clotaire II, Arégonde, Gontran et Frédégonde. Nous n'avons
pas besoin d'ajouter que l'opinion de l'abbé Lebeuf a seule,
sur ce point, quelque valeur à nos yeux.

La figure longue et mince adossée au pilier-trumeau est
celle de saint Marcel, neuvième évêque de Paris, mort le
1er novembre 436. Elle appartient au style des sculptures du xiiie siècle. Le costume du saint évêque est
complet : aube, tunicelle brodée de palmettes, étole fran-
gée, chasuble ronde relevée sur les bras, amict abaissé
autour du col. La main gauche tient un long bâton de
crosse, dont la volute a été cassée ; la droite fait un geste
de bénédiction. Brisée pendant la révolution, cette statue
a été rapiécée en 1818 ; elle manque de style. Le pied
droit du saint foule la tête d'un monstre, à deux pattes
armées de griffes et queue de serpent. Ce dragon est sorti
du linceul qui enveloppe le corps d'une femme couchée
dans son tombeau. Un arceau appuyé de deux colonnettes
recouvre ce sépulcre taillé dans la pierre, et, suivant

9

l'usage ancien, plus étroit aux pieds qu'à la tête. La *Légende d'or* nous dira la signification de cette sculpture. « Une femme de race noble selon le monde, mais bien méprisable à cause de ses vices, ayant rendu le dernier soupir, fut portée en grande pompe à son cercueil ; mais voici ce qui en arriva... : un horrible serpent vint dévorer son cadavre, et cette bête prit pour demeure le tombeau de la malheureuse, dont les restes lui servaient de nourriture. Les habitants de ces lieux s'enfuirent alors de leurs demeures tout épouvantés. Le bienheureux Marcel comprit que c'était lui qui devait triompher du monstre... Lorsque le serpent, sortant d'un bois, s'en revenait vers le sépulcre, Marcel se présenta devant lui en priant ; le monstre, dès ce moment, sembla demander grâce en baissant la tête et en agitant la queue ; il suivit ensuite le saint évêque pendant près de trois milles à la vue de tout le peuple... Alors saint Marcel lui parla ainsi avec autorité : « Dès ce jour, va-t'en habiter les déserts, ou replonge-toi dans la mer. » Et depuis on n'en a plus vu aucune trace.

Le trumeau est comme une haute tour carrée, couronnée de tourelles et percée de longues ouvertures, les unes cintrées, les autres ogivales, il a été en partie refait en 1818. Deux anges, en tuniques ornées de pierreries, les ailes ouvertes et les mains élevées, sont placés en consoles sous le linteau. Sur la dernière assise de chaque montant de la porte, on voit le commencement d'un rinceau qui devait appartenir à une porte du xiiᵉ siècle, Son feuillage un peu plat, mais d'une exécution savante, encadré de perles, rappelle les rinceaux si vantés de la porte Sud de la cathédrale de Bourges.

Comme les tympans des deux autres portes, celui de la porte Sainte-Anne se partage dans sa hauteur en trois zones. Les additions faites au xiiiᵉ siècle pour le complé-

ter ont introduit dans les sujets une espèce de surabon-
dance, une confusion même, qui n'existaient pas dans
le principe. L'histoire de sainte Anne et celle de la Vierge
s'y mêlent avec un certain désordre dans la partie inférieure, qui appartient au xiiie siècle, tandis que la sculpture romane se présente au-dessus avec une régularité
parfaitement claire. Ainsi que nous l'avons fait à la porte
centrale, il faut rattacher ici au tympan le premier personnage ou le premier groupe de chacun des quatre cordons
de la voussure.

A droite, quatre personnages debout dans cette voussure, jeunes, imberbes, coiffés de chapeaux en pointe, —
tenant à la main des restes de baguettes, sont les descendants de David, que le grand prêtre avait convoqués pour
choisir parmi eux un époux à Marie.

Première zone du tympan. — Joseph, vieux et barbu,
arrive à cheval; il ne sort qu'à moitié de la muraille. Il a
quitté sa monture; la baguette qu'il tient à la main vient
de fleurir, et ce miracle prouve que le choix de Dieu s'est
fixé sur lui. Sainte Anne s'approche de l'époux destiné à
sa fille. Deux jeunes hommes de la race de David regardent
tristement leurs baguettes, qui n'ont produit ni feuilles,
ni fleurs; le premier porte la main droite au bâton de Joseph, comme pour mieux s'assurer du prodige. Le grand
prêtre, en longue robe et la tête couverte d'un voile, célèbre le mariage; il tient par les mains Joseph et Marie. La
Vierge est très-jeune, de petite taille, les cheveux longs;
une couronne de fleurs lui entoure la tête. Près d'elle,
son père, Joachim, qui lui serre la main gauche en signe
d'adieu, et sainte Anne, sa mère. Un peu plus loin, l'autel, au-dessus duquel brûle une lampe, et qui se trouve
abrité par un édifice à toiture imbriquée, avec des colonnes
pour supports. Le sujet suivant, sculpté au sommet du

trumeau, fait saillie sur le reste du bas-relief, on y remarque sainte Anne, à qui un ange annonce qu'elle devien-
dra mère, et Joachim, appuyé sur un bâton. La Vierge,
représentée comme au moment du mariage, relève Joseph,
qui s'est jeté à ses genoux pour lui demander pardon
d'avoir douté de sa pureté ; un ange révèle à Joseph le
mystère de la conception du Christ. Joseph prend la
Vierge par la main et l'emmène. Le temple, ouvert par
deux arcs trilobés et soutenu par des colonnes. Joachim
portant un agneau, et derrière lui Anne tenant une corbeille qui renferme deux colombes, paraissent devant le
grand prêtre ; celui-ci, ne pouvant accueillir leurs offran-
des à cause de la stérilité d'Anne, leur montre sur un
autel carré une banderole roulée, figure de la loi qui lui
prescrit de refuser. Joachim s'en va portant un paquet sur
l'épaule, et accompagné d'un autre personnage qui lui
parle. Ce dernier avait dans chaque main un attribut qui a
été brisé. Une suite de petits pendentifs en ogives trilobées
couronne ces diverses scènes, que rien ne sépare les unes
des autres. En passant du tympan au premier sujet de
chacun des quatre cordons de la voussure, à gauche, nous
voyons Joachim assis sur un rocher, la tête nue, portant
au côté une manière d'escarcelle en filet ; au pied du rocher, des arbres, des moutons et d'autres animaux ; un
ange, sortant d'une nuée, pour avertir Joachim de retour-
ner auprès de sa femme ; encore Joachim, assis sur son
rocher, au milieu de son troupeau, et sans doute au moment de se mettre en marche ; les deux époux, père
et mère de la Vierge, se rencontrant à la porte dorée
de Jérusalem, sous laquelle ils entrent chacun de son
côté.

Seconde zone du tympan. — La Vierge a monté les
quinze degrés symboliques du temple ; elle prie à genoux

devant un autel surmonté d'une lampe. Cette première figure appartient au xiiiᵉ siècle ; tout le reste date du xiiᵉ.
La pierre employée au xiiᵉ siècle est dure et grise ; l'autre,
d'un grain moins serré, a pris une teinte plus noire. Les
personnages du style roman accusent plus nettement une
époque encore soumise aux traditions hiératiques ; les poses
sont plus raides et plus graves, les reliefs plus plats, les
costumes plus riches, les plis des vêtements plus nombreux et plus secs, les formes plus conventionnelles et plus
éloignées du naturalisme. Un personnage vieux, nimbé,
tenant une banderole dépliée, probablement saint Joseph.
L'ange Gabriel debout, tenant de la main gauche un sceptre à moitié brisé ; la Vierge déclarant qu'elle est soumise
à la volonté de Dieu. La Vierge et sa cousine Elisabeth ;
elles enlacent leurs bras pour s'embrasser. La Vierge couchée sur un lit et couverte d'un drap qui ne laisse voir que
sa tête et sa main droite ; Joseph assis et endormi à la
tête du lit ; vers les pieds, l'enfant Jésus dans sa crèche,
tout emmailloté de bandelettes ; le bœuf et l'âne qui montrent leurs têtes et réchauffent de leur haleine le nouveau-
né ; dans un cercle de nuages, trois anges qui admirent le
mystère d'un Dieu fait homme. Deux bergers appuyés sur
de longs bâtons, vêtus de capes et de peaux ; leurs chiens
aboient à la vue des anges qui apparaissent. Hérode sur
son trône, sceptre en main, assisté de deux conseillers
assis auprès de lui ; il donne audience aux trois Mages qui
se présentent avec couronnes, sceptres et vêtements courts
comme il convient à des voyageurs ; ils ont attaché à un
même arbre leurs trois chevaux sellés et bridés. Une arcature cintrée, surmontée d'une foule de châteaux et de
petits édifices marque la limite de cette seconde partie.

Au sommet du tympan, les personnages sont beaucoup
plus grands que dans les deux premières parties. La

Vierge est assise au milieu sur un banc décoré d'arcatures
et couvert d'étoffe; elle porte couronne, voile, robe et
manteau; de la main droite elle tient son fils; elle avait
peut-être une fleur dans la gauche, qui est vide aujour-
d'hui. Assis dans le giron de sa mère, l'enfant tient un
livre ouvert et lève la main droite pour bénir; sa pose est
pleine de majesté; il n'est pas besoin de le regarder à
deux fois pour reconnaître que ce n'est point un enfant
— ordinaire. Un arc cintré, reposant sur deux colonnes, isole
la Vierge des autres figures; il a pour couronnement une
vraie coupole bizantine, réminiscence de l'Orient, avec le
dôme aplati entouré à sa naissance d'une ceinture de petites fenêtres et surmonté d'une croix; des clochetons romans l'accompagnent. Aux côtés de la Vierge, deux anges
debout, des encensoirs à la main; l'un porte de plus une
navette. Des nuées se dessinent dans le haut du cadre. A
la gauche de la Vierge, un roi à genoux, déroulant des
deux mains une longue banderole qui figure une charte de
donation ou de concession de priviléges. Le prince est
barbu, couronné, vêtu d'une tunique courte avec le manteau par-dessus. La sculpture date certainement du
— temps de Louis VII, qui régna de 1137 à 1180, et qui ne
put demeurer indifférent à la restauration de l'église de
— la Vierge. C'est donc lui, l'ami de Suger, le héros de
la seconde croisade et le père de Philippe-Auguste, dont
nous croyons voir ici l'image. A droite de la Vierge, un
évêque debout, la tête coiffée de la mitre basse, le visage
barbu, la chasuble galonnée et relevée sur les bras, tient
comme le roi une banderole dépliée. La crosse, passée
entre le bras droit et le corps, a perdu sa partie supérieure. On remarquera la différence d'attitude : le roi à
genoux, comme un simple laïque; l'évêque debout en sa
qualité de pontife. Auprès de l'évêque, un personnage

assis, imberbe, vêtu d'une chape, écrit avec beaucoup d'attention sur une tablette; serait-ce Étienne de Garlande? Au-dessus de cette dernière portion du tympan, des rinceaux, des nuées, et deux anges avec encensoirs remplissent l'intervalle de l'ogive romane à celle du XIIIe siècle.

La voussure se développe sur quatre rangs. Indépendamment des personnages de la première rangée horizontale que nous avons déjà mentionnés, on en compte encore soixante, quatorze à chacun des deux premiers cordons, et seize à chacun des deux autres. Tous, sauf peut-être quelques intercalations assez difficiles à distinguer, sont l'œuvre d'un ciseau roman. Au premier cordon, quatorze anges, tenant les uns des encensoirs seulement, les autres aussi des navettes; il y en a un qui met l'encens sur le charbon avec une petite cuiller. Ces anges diffèrent entre eux de geste et d'attitude, bien que pareils dans leur ensemble. Les personnages du second cordon, couronnés, sceptres et banderoles en mains, tous barbus, excepté un seul qui doit être Salomon, sont les rois de la généalogie de la Vierge. Deux de ces rois ont les pieds posés sur de petites figures humaines, dont une relève les jambes en l'air. Au troisième cordon, des prophètes déroulent des banderoles, feuillètent des livres, ou montrent du doigt la fille de David assise au tympan. On reconnaît le premier à droite pour un Moïse, aux deux protubérances de son front. Les seize personnages du dernier cordon représentent, nous le pensons, ces vieillards de la vision de saint Jean, qui chantent les louanges de Dieu sur la harpe, et qui portent des vases d'or contenant les prières des justes. Il y en a sept qui jouent de divers instruments curieux par leurs formes, violon, harpe, guitare; trois qui tiennent des vases; six qui n'ont que des banderoles. Pour ne pas accuser le sculpteur d'inexactitude, on pourrait à la rigueur faire rentrer dans la catégorie des prophètes ceux qui n'ont ni vases ni instruments de musique. Au sommet des trois derniers cordons, on trouve encore des sculptures intéressantes : un ange tenant sur deux nappes deux petites âmes qui joignent les mains; un agneau pascal avec la croix, entouré d'une nuée, et accompagné de deux anges qui le montrent au peuple ; le Dieu créateur, entre deux anges, sortant d'un nuage, les mains étendues, plaçant dans le ciel, comme le dit l'Écriture, le grand luminaire qui préside au jour et le moindre qui préside à la nuit. Enfin, l'encadrement de l'ogive, richement feuillagé, retombe sur deux figures, un moine encapuchonné, la tête levée vers le ciel ; une femme assise, la tête appuyée sur une de ses mains.

Avant de quitter ces portes, nous signalons à l'admiration de tous les magnifiques pentures de fer forgé qui recouvrent les vantaux de bois des portes de la Vierge et de Sainte-Anne. Elles se classent au premier rang des pièces capitales de la serrurerie des xiie et xiiie siècles. Dans l'origine, elles s'appliquaient sur un enduit peint en rouge qui s'est détruit, mais dont on retrouve quelques parcelles. Nous ne saurions assez prôner la variété des feuillages, la fermeté des contours, l'ingénieuse disposition des enroulements, et ce caractère de solidité qui sied si bien aux portes d'un édifice comme Notre-Dame. Quelques oiseaux, réels ou fantastiques, animent certaines parties du feuillage. A voir les pentures de la porte Sainte-Anne, on pourrait croire que préparées, comme la sculpture elle-même, pour des baies un peu moins larges et moins hautes, elles se seront ensuite trouvées trop courtes. Leurs formes, encore empreintes de style roman, accusent une époque un peu plus ancienne que celle des pentures de la porte de la Vierge.

Suivant des traditions encore vivantes chez le peuple
de la Cité, l'habile serrurier qui a si vigoureusement ferré
les portes de Notre-Dame serait le diable en personne venu
en aide, moyennant un pacte bien conclu, à l'ouvrier
qu'on avait chargé de cette œuvre, et qui ne savait plus
comment se tirer d'embarras. Ce diable forgeron est
connu dans le quartier sous le nom de Biscornette, —
qui n'a pas besoin d'explication; des savants en ont
fait un artiste vivant pendant le xive siècle, bien que
les ferrures datent du commencement du xiiie, et ce
sobriquet a pris place sur plus d'une liste de maîtres
du moyen âge. Pour si malin qu'il fût, Biscornette ne
parvint jamais à ferrer la porte centrale par laquelle sor-
tait le saint sacrement dans les jours de solennité. La porte
Sainte-Anne restait ordinairement fermée; le peuple en
concluait qu'un sort avait été jeté sur elle, et qu'elle ne
s'ouvrirait plus. Tout ce que nous en pouvons dire, c'est
que de nos jours les architectes l'ont ouverte à deux battants, et sans trop de difficulté. Quelle que soit la valeur
de ces croyances populaires, nous sommes persuadé que
la porte centrale était fermée par des vantaux ornés de la —
même manière que les autres. Soufflot les remplaça par
une grande boiserie où l'on voyait sculptés, à peu près de
proportion naturelle, le Christ et la Vierge. A la même
époque, les vantaux des deux portes du transsept et de la
porte Rouge furent refaits par les soins du chapitre, en
un style gothique, comme on le comprenait au xviiie siècle.

On pourrait supposer que cette multitude de statues et
de bas-reliefs que nous avons cités ne s'ajustent pas sur
la façade sans contrarier les lignes de l'architecture. Il
n'en est rien cependant. Jamais accord plus fraternel
n'exista entre le sculpteur et l'architecte : jamais ils n'ont
mieux réussi à se faire mutuellement valoir. L'arrange-

10

ment de ces grands portails, si majestueux d'ensemble et
si riches de détails, appartient tout entier au xiiie siècle,
et ce n'est pas une de ses moindres gloires. A aucune
époque la sculpture n'a été employée avec plus de goût
et d'intelligence. Tout semble coulé d'un seul jet, de telle
manière qu'on ne saurait rien retrancher dans l'ornementation sans amoindrir la construction elle-même et sans
déprécier l'harmonie des formes générales.

Galerie des Rois.

Nous avons réservé la question des statues royales qui
remplissaient les vingt-huit niches de la première galerie.
Étaient-ce des rois de France, ou des rois ancêtres de la
Vierge et de Jésus-Christ? Nous avons la conviction, et
jusqu'ici toutes les découvertes des noms véritables ou des
attributs d'effigies du même genre nous donnent raison,
que les rois sculptés en longues séries dans nos cathédrales sont des patriarches, des chefs du peuple de Dieu
ou des rois de Juda composant le cortège généalogique du
Sauveur. Des exceptions à cette règle pourraient cependant avoir été faites dans certaines églises, par exemple
à Saint-Denis, ce tombeau des rois de France, à Reims, la
ville de leur sacre, ou à Notre-Dame de Paris, la maîtresse
église de leur capitale. Nous inclinons pour les rois de
Juda, tout en reconnaissant qu'il peut exister ici quelque
doute. L'évêque arménien, Martyr, qui vit ces figures à la
fin du xve siècle, se contente de les mentionner, sans
s'expliquer d'ailleurs sur l'objet de leur présence. Les
auteurs très-nombreux, il faut en convenir, qui ont pris
parti pour les rois de France, prétendent que le premier
était Childebert et le dernier Philippe-Auguste, *peint et
tenant la pomme impériale à la main*. Le père du Breul

en nomme seize; les douze autres appartenaient à la
dynastie mérovingienne. Dès le xiiie siècle, le peuple croyait
trouver ici toute la suite de nos rois. On en a la preuve
dans une pièce manuscrite de la bibliothèque impériale,
intitulée : *Les XXIII manières de Vilain* [1]. Cette composition burlesque, qui date du xiiie siècle, et qui est ainsi
à peu près contemporaine des statues, met en scène un
badaud, dont la bourse est coupée par des voleurs, tandis
que, debout devant Notre-Dame, à Paris, il dit à ses voi-
sins : *Voici Pépin, voilà Charlemagne*. Celui qui passait
pour Pépin était le quatorzième, à partir du côté du
cloître ; on l'avait représenté monté sur un lion, à cause
de sa petite taille, suivant les uns, ou, d'après les autres,
en souvenir de sa lutte avec un de ces animaux, qu'il
abattit d'un coup d'épée. A la cathédrale de Chartres, un
roi posé aussi sur un lion, et qui aurait les mêmes droits
à porter le nom du père de Charlemagne, est bien certainement un David. Nous devons ajouter qu'il existait
anciennement à l'une des trois portes de la façade de
Notre-Dame de Paris une liste de trente-neuf rois de
France, de Clovis à saint Louis. L'abbé Lebeuf l'a publiée. Mais elle ne pouvait s'appliquer à nos figures, qui,
comme nous l'avons dit, étaient seulement au nombre de
vingt-huit. La présence de cette inscription, qui s'abste-
nait de faire aucune allusion aux statues de la galerie,
nous semble même un argument de plus en notre faveur.

Élévations latérales de l'église.

Les deux côtés de la nef, à l'extérieur, au nord et au
midi, sont à peu près semblables. Les différences qui peu-

[1] Bibl. imp., n° 5921; publié par M. Jubinal.

vent se rencontrer dans les détails n'ont pas assez d'importance pour être signalées. A la suite des tours, après une travée d'intervalle, commence une suite de chapelles qui se continue jusqu'au transsept. Elles sont éclairées chacune par une large fenêtre ogivale, accompagnée de colonnettes. La plupart des fenêtres sont partagées par des meneaux en deux baies principales, dont chacune en comprend deux autres, avec trèfles ou quatrefeuilles dans les petits tympans, et rose à redents dans la partie supérieure de l'ogive mère. Les seules variétés consistent dans le nombre des subdivisions et dans la forme des compartiments percés aux tympans. Les chapelles sont venues remplir les vides laissés entre les contre-forts, qui leur servent maintenant de murs de refend dans toute leur profondeur. Les contre-forts présentent donc une masse épaisse et solide. Ils contre-buttent les voûtes de la tribune au moyen d'un premier arc-boutant qui passe par-dessus la première allée du collatéral; et la maîtresse voûte de la haute nef, au moyen d'un second arc d'une portée beaucoup plus considérable. En arrière des chapelles, à une distance assez grande, on aperçoit la tribune, dont les ouvertures, défigurées à diverses époques, par suite de l'abaissement des voûtes des galeries, sont en complète restauration; une balustrade, composée de trèfles couchés sur le flanc borde la terrasse qui en recouvre les voûtes. Les grandes fenêtres de la nef sont en ogive; des colonnettes les divisent en deux baies, et un œil-de-bœuf simple en occupe le tympan. Cette ordonnance générale ne souffrait qu'une seule exception; mais les travaux de restauration en introduisent de nouvelles, comme nous le dirons dans un instant. Les arcs supérieurs des contre-forts trouvent entre les fenêtres, à leur point de contact avec le mur de la nef, un pilastre carré qui

les soulage. Ce pilastre est couronné d'un chapiteau à feuillage. Sur la crête des murs latéraux de la nef, dans toute
leur longueur, il existe un chéneau dont la rampe est percée
d'arcs à trois lobes. Au-dessous de cette rampe règne une
corniche sculptée de billettes et de feuillages. Des fleurons et des gargouilles en forme de bêtes, placés à chaque
intervalle de travée, donnent du jeu à cet entablement.

Des travaux de réparation, entrepris sans intelligence
et avec une parcimonie déplorable dans le cours du
siècle dernier et dans les premières années du siècle
présent, ont altéré de la manière la plus fâcheuse l'architecture des parties latérales de la nef. On pourrait dire
que cette portion de l'édifice a été en quelque sorte rabo-
tée. On a successivement supprimé les saillies des contre-
forts entre les chapelles, les pignons, les frises, les balustrades, en un mot, toute l'ornementation de ces mêmes
chapelles; les pinacles qui décoraient la tête des contre-
forts, avec les statues qui les accompagnaient et leurs
aiguilles fleuronnées; les gargouilles pittoresques qui
rendaient au monument le service de rejeter au loin les
eaux pluviales. En ce moment même, les architectes de
Notre-Dame travaillent à la restitution de tous ces détails, dont la suppression ne tendait pas à moins qu'à
compromettre la solidité de l'église. Dans les parties dont
la restauration n'est pas encore commencée, on retrouve
à peine, au milieu d'ornements du plus mauvais style
imaginés par des architectes contemporains, quelques
consoles historiées, des portions de frises feuillagées
échappées à la ruine, et les figures à mi-corps d'hommes
ou d'animaux qui supportaient les grandes gargouilles.

Les modifications de tous genres ne sont pas nouvelles à Notre-Dame. La cathédrale n'était pas achevée
que déjà on apportait de graves changements à ses dis-

positions. Les fenêtres de la nef et du chœur n'étaient,
dans le principe, ni plus grandes ni plus ornées que la
première fenêtre à une seule baie, sans meneaux, qu'on
voit de chaque côté de la nef, à la première travée, à la
suite des tours, et que l'architecte du xiiie siècle n'a pas
osé remanier, dans la crainte d'occasionner un mouvement dans la maçonnerie. Toutes les autres furent élar-
gies et allongées jusque sur l'arcature des galeries, et des
meneaux y furent posés. Alors aussi, et par une conséquence nécessaire de cette première modification, les
combles simples, si favorables à l'écoulement des eaux,
firent place, pour la couverture des galeries, à des
chéneaux qui entretiennent sur les voûtes une constante
et pernicieuse humidité[1]. On a cru devoir rétablir, dans
leurs dimensions primitives, la dernière fenêtre de chaque
côté de la nef et celle des croisillons, afin de se procurer
l'espace nécessaire pour restituer des roses d'un effet très-
original, autrefois comprises sous les combles des galeries.
On s'étonnait avec une apparence de raison de la nudité
des murs, dans leur état primitif, entre les arcs des galeries et les fenêtres hautes. De nombreux fragments récemment découverts et des claveaux encore en place ont
prouvé que ces murs possédaient au contraire, dans une
série de roses à jour, une remarquable décoration.

En arrivant au transsept, on retrouve de grands éperons qui en maintiennent les deux extrémités et qui ont
été conservés comme contre-forts. Les baies ogivales, de
style tout roman, dont ils sont percés, éclairaient autrefois les galeries du premier étage. Il est facile de s'apercevoir que chacun des croisillons du transsept a été augmenté

[1] Voir le rapport des architectes de Notre-Dame au ministre
de la justice et des cultes en 1843.

d'une travée dans la seconde moitié du xiiie siècle ; la
soudure est visible.

La façade du croisillon septentrional n'a pas l'avantage
d'avoir, comme celle du midi, son acte de naissance gravé
dans la pierre. Mais sa date est écrite, et ce n'est guère
moins décisif, dans son architecture elle-même. Nous
l'avons dit déjà, elle appartient à la même époque, peut-
être au même artiste que la façade méridionale. Des restaurations modernes ont amaigri les profils et jeté le trou-
ble dans certaines parties de la sculpture. On monte quatre
degrés dans l'ébrasement de la porte. La baie de cette
porte est une grande ogive encadrée de feuillages en crochets, avec un trumeau qui la partage en deux, un tympan
sculpté, un triple rang de voussures historiées, et un
pignon très-orné percé de compartiments à jour. Trois
niches trilobées et une arcature à deux ogives faisant
suite aux niches, accompagnent de chaque côté la baie
centrale. Des pignons, accostés d'aiguilles, vont grandis-
sant des angles de la façade vers le couronnement de la
porte. Trois niches garnissent de chaque côté les deux
ébrasures de l'entrée. Toutes ces niches, au nombre de
douze, sont montées sur des piédestaux élégants, décorés
de colonnettes, d'ogives, de petits châteaux, et d'une foule
d'animaux qui circulent entre les moulures avec une singulière vivacité. Chacune des six niches de l'ébrasure a
son dais en pendentif. Une balustrade, découpée en arcatures, colonnettes et pignons, termine ce premier étage
de façade. En arrière, le mur est revêtu d'ogives en application, de trèfles et d'une belle frise feuillagée. Au-dessus,
une galerie à jour, partagée en neuf ogives principales, et
subdivisée eu dix-huit baies secondaires, forme un brillant
treillis, avec ses faisceaux de colonnettes, ses trèfles et ses
quatrefeuilles. Immédiatement après, s'arrondit la rose

sur un diamètre d'environ quarante pieds. Des meneaux, en forme de colonnettes, y décrivent autour d'un compartiment circulaire placé au centre un double rang d'ogives trilobées, seize au premier et trente-deux vers la circonférence. Le cercle de la rose s'inscrit dans un carré, dont les angles inférieurs sont évidés en trois compartiments principaux chacun, tandis que les deux angles supérieurs ont été laissés pleins avec quelques ornements dans le champ. Aux côtés de la rose, vers le haut des contre-forts qui l'accompagnent, deux niches contiennent chacune la statue d'un ange sonnant de la trompette. Ces figures de grande proportion n'ont dû leur salut qu'à leur position élevée, qui ne permet pas de les atteindre facilement ; elles sont parfaitement conservées. Au-dessus de la rose, une corniche feuillagée ; puis, une balustrade semblable à celle qui court sur les murs de la haute nef ; enfin, un pignon décoré d'une rose de moyenne dimension, et d'autres compartiments, moitié aveugles, moitié à jour. Ce pignon avait pour amortissement une statue remplacée il y a vingt ans par des fragments de bouquets d'amortissements pris à droite et à gauche ; il est accosté de deux légers clochetons soutenus par des colonnettes dont l'ornementation a été complétement grattée dans le dernier siècle.

Porte du Cloître.

La porte du croisillon septentrional est nommée porte du Cloître, parce qu'elle ouvrait sur l'enceinte réservée aux maisons canoniales. Au trumeau se dresse une statue de la Vierge, célèbre par l'expression gracieuse de la tête et par la fierté maternelle de l'attitude. Elle exaltait des deux mains son divin fils, pour le montrer à tous et pour mieux proclamer les merveilles que le Seigneur a voulu accomplir en elle. C'est bien là cette femme que les générations appelleront bienheureuse ; on croirait l'entendre chanter le triomphal *Magnificat*. Un dragon monstrueux rampe sous le pied droit de la nouvelle Ève, non plus humiliée et bannie, mais victorieuse et reine. L'abbé Lebeuf a vu dans les six niches des ébrasures, à droite de la Vierge, les trois Mages venus de l'Orient avec leurs trésors ; à gauche, les trois Vertus théologales désignées par leurs attributs ; ces figures n'existent plus. Sous le linteau, quatre jolis anges balancent des encensoirs. Le tympan présente trois rangs superposés de sujets, comme ceux de la façade occidentale. Toute la sculpture est à la gloire de Marie ; elle se recommande surtout par la finesse du travail.

Au premier rang, la Vierge à demi couchée ; Jésus emmaillotté dans sa crèche ; le bœuf placé vers la tête de l'enfant, et l'âne aux pied ; Joseph assis, et contemplant le mystère ; la Vierge tenant son fils debout sur un autel ; le vieillard Siméon tendant les mains pour le recevoir ; derrière la Vierge, une femme, et Joseph qui apporte, pour les offrir à Dieu, des colombes dans une corbeille ; Hérode assis, et donnant à un garde des ordres, que lui dicte un petit démon placé près de son oreille gauche ; les satellites, tout couverts de mailles, égorgeant de pauvres enfants que les mères s'efforcent vainement de défendre ; la Vierge tenant son fils et assise sur un âne, que Joseph conduit par la bride pour fuir en Égypte [1].

La légende du diacre Théophile, si populaire au moyen

---

[1] Le groupe du massacre des Innocents a été traité avec beaucoup de sentiment. Les malheureuses mères disputent avec désespoir leurs enfants aux bourreaux.

âge, a fourni les quatre sujets du second rang[1]. Théophile,
tombé dans la disgrâce de son évêque, et assisté d'un juif
qui lui sert d'entremetteur, renie la foi chrétienne et se
donne au démon ; il est à genoux, les deux mains jointes
et placées entre les griffes d'un diable, moitié homme,
moitié bête, comme s'il prêtait un serment. Rétabli dans
son ancienne dignité de vicaire, Théophile est assis près
de son évêque ; un petit démon lui parle à l'oreille pour
ne pas lui laisser oublier le pacte fatal. Le repentir a saisi
le malheureux diacre ; il prie avec ferveur à l'entrée d'une
chapelle, dont l'autel est surmonté d'une Vierge assise,
son fils dans les bras. La Vierge exauce Théophile ; le
diacre pénitent continue de prier ; auprès de lui, la Vierge,
couronnée et armée d'une lance en forme de croix, retire
des griffes du démon le contrat que Théophile avait écrit
de son sang et scellé de son anneau. Le démon frémit de
rage ; il ose même porter une de ses pattes sur la robe de
la Vierge. Dans la troisième partie du tympan, Théophile
est assis à côté de son évêque, qui montre au peuple le
contrat. Un sceau est appendu à cet acte, sur lequel on
lit, autant que la distance le permet : *Carta Theophili,* en
caractères gothiques. Quatre personnages, hommes et
femmes, assis sur leurs talons, comme on le fait en Orient,
écoutent avec une extrême attention le récit de la merveilleuse aventure.

Les trois cordons de la voussure contiennent quarante-
deux personnages, douze anges, quatorze saintes femmes
et seize docteurs. Quatre anges ont des encensoirs à la
main ; les autres tiennent des banderoles, un livre, des
vases, un plateau, un calice moderne. Si ces figures n'a-

[1] Voir la *Légende d'or,* en la fête de la Nativité de la Vierge.
Théophile, diacre en Cilicie, vivait vers l'an 238.

vaient pas été restaurées, on serait plus à l'aise pour étudier leurs attributs. Il se pourrait que l'artiste eût voulu
représenter ce beau sujet de l'iconographie byzantine —
qu'on appelle la divine liturgie, les anges apportant au
Christ les instruments du sacrifice eucharistique. Les
saintes femmes ont subi également quelques retouches ;
ce sont probablement des vierges martyres ; la plupart
tiennent d'une main une palme et de l'autre un vase,
peut-être la lampe des vierges sages. Celle qui lit dans un
livre a été certainement restaurée. Les personnages des —
deux premiers rangs sont debout. Les docteurs sont assis, —
les uns barbus, les autres imberbes ; ils interprètent, en
les suivant du doigt, les textes de longues banderoles dé-
roulées sur leurs genoux.

La façade du croisillon méridional offre la plus grande
analogie, une identité même presque complète, avec celle
du croisillon nord. On y trouve aussi une baie centrale
accompagnée de chaque côté d'une arcature à double ogive
et de trois niches ; six autres niches dans les ébrasures de
la porte ; au-dessus de ces différentes divisions, cinq
pignons de grandeurs diverses, ornés de roses, de trèfles
et de mascarons ; plusieurs rangs de frises feuillagées :
une arcature en application et une galerie à jour percée
d'élégantes ogives [1], au-dessous de la rose ; plus haut, la
grande rose égale en superficie à celle qui fait face ; un
rang de balustrades, deux clochetons mutilés de la même
manière que ceux du nord, et un pignon terminal avec
une petite rose au centre et des œils-de-bœuf dans les
angles. Cette façade est sérieusement dégradée. La rose,
réparée en grande partie par les soins du cardinal de

[1] Cette galerie n'a que seize baies ; celle du nord en compte
dix-huit.

Noailles, vers 1726, menace encore une fois, et l'entablement qui la surmonte s'est brisé sous le poids du pignon. Beaucoup d'aiguilles, de balustrades et de motifs divers d'ornementation manquent dans les parties inférieures.

Nous signalerons quelques différences entre la façade du midi et celle du nord. Le stylobate des niches était décoré de charmantes petites fleurs de lis en relief dans des médaillons disposés en creux; nous n'en avons retrouvé qu'une seule qui ait échappé entière aux destructeurs d'armoiries. Entre les archivoltes des niches qui existent en dehors de la porte, il y a des touffes de feuillages, des oiseaux, des animaux bizarres, une syrène. De chaque côté de la galerie à jour, une niche, creusée dans le contre-fort, renferme une grande statue; à droite, Moïse, tenant des deux mains les tables de la loi; deux petites cornes lui sortent du front; à gauche, Aaron, coiffé de la tiare en pointe. Les attributs que pouvait avoir Aaron sont détruits. Deux autres niches, aujourd'hui vides, ont été préparées vers le haut des contre-forts, aux côtés de la rose. Le dessin des compartiments de la rose n'est pas exactement semblable à celui de la rose du nord. Un quatrefeuilles marque le centre; autour, un premier rang de douze ogives, et un second qui en compte vingt-quatre; compartiments tréflés à la circonférence, entre les arcs, dont le sommet touche les bords. Les roses et trèfles des angles du carré qui encadre la rose, sont mûrés. Une statue de saint Marcel, dont la tête est brisée, s'élève sur la pointe du pignon.

C'est au pied de cette façade, au-dessus d'un premier soubassement, que se lit l'inscription, composée de caractères magnifiques taillés en relief dans la pierre, qui nous apprend la date de la construction et le nom de l'archi-

tecte. Elle ne forme qu'une seule ligne dans tout le travers
du portail :

o o   o
ANNO. DNI.M.CC LVII. MENSE. FEBRVARIO. IDUS SECUNDO.
HOC. FUIT. INCEPTUM. CRISTI. GENITCIS. HONORE :
KALLENSI. LATHOMO. VIVENTE. JOHANNE. MAGISTRO :

Jean de Chelles était un homme de talent. Il naquit dans -
le bourg de Chelles, si célèbre par l'abbaye que sainte
Bathilde y avait fondée. Comme Montereau, Bonneuil et
Lusarches, qui ont donné naissance aux plus fameux
architectes du xiiie siècle, Chelles faisait partie du diocèse
de Paris. Si Jean de Chelles n'avait pas pris soin de sa
gloire, nous ne saurions pas même son nom. L'histoire
garde un silence absolu sur les monuments qu'il a certainement construits.

Vers les angles du mur de face, aux deux extrémités, il
existe, nous l'avons dit, une arcature à double ogive, destinée peut-être à recevoir des statues, bien qu'elle n'ait
pas la profondeur ordinaire des niches. Au-dessous des
arcs, une espèce de stylobate encadre de chaque côté
quatre bas-reliefs, huit en tout, de l'exécution la plus
habile et la plus soignée, placés dans des quatrefeuilles
historiés. Dans les angles extérieurs des quatrefeuilles on
voit encore une quantité de petits personnages, dont les
uns courent, jouent avec des animaux, se livrent à la dis
sipation, tandis que les autres, au contraire, semblent
absorbés par l'étude. Jusqu'à présent, le sens des bas-
reliefs a résisté non-seulement à nos propres recherches,
mais encore à celles de tous nos confrères en archéologie.
Nous sommes persuadé que ces sculptures représentent
un sujet légendaire, un des nombreux miracles de la
Vierge, dont l'explication se rencontrera quelque jour par
hasard. Nous avons reconnu sans peine, à la porte du

cloître, l'histoire de Théophile ; on reconnaîtra plus tard
ici un autre prodige du même genre. En attendant, notre
ami, M. Félix de Verneilh, l'auteur de l'*Architecture
byzantine en France,* a écrit sur ce sujet un ingénieux
roman, qui paraîtra prochainement avec des planches dans
les *Annales archéologiques.* M. de Verneilh trouve dans
nos bas-reliefs une suite de scènes de la vie tantôt régulière, tantôt turbulente et désordonnée des écoliers du
xiii* siècle. Dans les quatre bas-reliefs à gauche, les étudiants
se pressent autour de leurs maîtres, dont ils écoutent doci-
lement les leçons ; les professeurs, en habit ecclésiastique,
sont assis gravement dans leurs chaires ; quelques audi-
teurs prennent des notes. On remarque surtout un groupe
charmant d'écoliers rangés en cercle autour d'un docteur
jeune et spirituel. Une banderole, placée dans un des quatrefeuilles, donnait peut-être le mot de l'énigme ; on n'y lit
plus rien. A droite, il semble que la sculpture représente
la répression d'un de ces tumultes trop fréquents alors
dans le monde des grandes écoles. Des personnages, appe-
lés devant la justice ecclésiastique, prêtent serment sur
les saints livres ; ceux qui les interrogent paraissent les
avertir de la gravité de ce qu'ils font ; d'autres écrivent les
réponses. Ailleurs, des jeunes gens, obligés peut-être de
s'exiler de Paris, font leurs adieux et se disposent à partir
à cheval. Enfin, au dernier bas-relief, un personnage est
exposé sur une échelle de justice avec un écriteau sur la
poitrine ; deux archers veillent au pied de l'échelle ; des
spectateurs nombreux se tiennent sur la place ou regardent par les fenêtres des maisons voisines. Quelques lettres,
encore visibles sur l'écriteau du patient, indiqueraient
qu'il était puni pour avoir fait un faux serment. Le père
Du Breul *(Théâtre des antiquités de Paris,* p. 49) raconte
que Messieurs de Notre-Dame avaient une échelle de jus-

tice qu'on voyait encore de son temps à l'entrée de l'église. On la transportait, quand il y avait lieu, au parvis, devant le grand portail ; elle se terminait par une petite plate-forme, où le patient était agenouillé, avec un écriteau contenant en deux mots son délit. Le bon père Du Breul y vit une exposition vers le milieu du xvie siècle. C'était une manière de pilori. Le coupable y demeurait *longtemps mocqué et injurié du peuple.* Les moines de Saint-Germain des Prés avaient en leur église une échelle semblable, dont le père Du Breul regrette fort la destruction ; c'était, dit-il, une belle marque de la justice spirituelle et épiscopale de l'abbaye.

Au côté de la baie centrale, dans les deux tympans des ogives qui encadrent deux groupes de niches, la charité de saint Martin est dignement glorifiée. A gauche, le saint à cheval, jeune encore, coupe en deux son manteau avec son épée, pour en donner la moitié au pauvre d'Amiens [1]. A droite, Jésus-Christ montre à deux anges respectueusement inclinés le vêtement sanctifié : Martin, leur dit-il, n'étant encore que catéchumène, m'a revêtu de ce manteau. La ville d'Amiens a vu tomber naguère les dernières piles romanes d'une église élevée sur le lieu même où Martin avait ainsi couvert la nudité du pauvre. Une inscription appliquée au mur du palais de justice rappelle encore la charité du saint et l'existence de l'église.

[1] Aucun trait de la vie des saints n'a été plus souvent peint ou sculpté dans toutes les églises du monde chrétien. On peut appliquer à la charité de saint Martin ce que le Christ a dit du parfum versé sur sa tête par Madeleine : *Amen dico vobis, ubicumque prædicatum fuerit hoc evangelium, in toto mundo, dicetur et quod fecit in memoriam ejus.* (Matth., xxvi.)

Porte Saint-Marcel.

La porte Saint-Marcel, réservée à l'évêque, ouvrait sur une des cours du logis épiscopal. On l'appelle aussi porte des Martyrs, en raison des personnages qui s'y voient sculptés. C'est encore l'abbé Lebeuf qui nous apprendra qu'entre autres saints, les niches des ébrasures contenaient les statues de saint Denis et de ses deux compagnons, le prêtre Rustique et le diacre Éleuthère. Le sculpteur, au lieu de les représenter leurs têtes à la main, avait cru devoir laisser les têtes à leur place et ne mettre entre les mains de chacun des trois martyrs que la partie supérieure du crâne ; compromis vraiment singulier entre la foi absolue et l'esprit de discussion. Cet artiste ne se doutait donc pas que dans l'ordre des miracles il n'y a ni plus ni moins, et que tous sont exactement du même degré ? Il ne faut pas plus de puissance pour ressusciter un mort, que pour suspendre les lois de la pesanteur en arrêtant la chute d'une pierre. A l'époque où l'on brisa les statues des portails de Notre-Dame, quelques fragments de ces figures, employés comme de la pierre brute, allèrent servir de bornes dans la rue de la Santé, vers le haut du faubourg Saint-Jacques, où ils sont demeurés près de cinquante ans. Sur la demande du Comité des arts et monuments, ils furent enfin transportés, en 1839, dans la grande salle des Thermes. Parmi ces débris, on a recueilli une portion considérable du saint Denis cité par l'abbé Lebeuf; il porte, en effet, entre ses mains, la calotte de son crâne. Nous avons compté quinze corps de statues, tous sans tête, la plupart aussi dépourvus de leurs bras et de leurs pieds. Ils appartiennent à des époques très-différentes les unes des autres, ce qui confirme l'opinion des auteurs les plus accrédités sur les diversités de style et d'origine des figures autrefois placées aux portails de Notre-Dame.

Le bas-relief du tympan retrace les principales circons- tances du martyre de saint Étienne. Le saint diacre, vêtu de la dalmatique et portant le manipule sur le bras gauche, discute avec les docteurs de la loi, les uns attentifs à ses paroles, les autres criant au blasphème ; il annonce le Christ au peuple, et dans l'assistance on remarque une femme assise par terre, qui allaite son enfant, sans cesser pour cela d'écouter ; le martyr est entraîné violemment par des gardes devant un juge, qui l'interroge avec dureté. Une arcature trilobée en pendentifs, avec tourelles entre les archivoltes, sépare cette première partie de la sculpture des deux suivantes. Saül assis garde les vêtements des lapidateurs ; ceux-ci, au nombre de quatre, lancent avec fureur de grosses pierres sur le martyr à demi renversé, qui fait un dernier effort pour se garantir. Deux fidèles déposent dans un cercueil le corps du saint enveloppé d'un suaire, en présence d'une femme qui pleure, d'un prêtre en chasuble qui lit l'office des morts, et d'un clerc qui porte la croix et le bénitier avec le goupillon. A l'étage le plus élevé du tympan, deux anges adorent le Christ, qui sort à mi-corps d'une nuée, et qui bénit le combat de son premier martyr. Dès la seconde moitié du xiiie siècle, on négligeait les traditions iconographiques. Le sculpteur de la porte Saint-Marcel n'a donné de nimbe qu'à Jésus-Christ ; ce nimbe est d'ailleurs croisé suivant l'usage. La statue du trumeau n'a pas été conservée. Sous le linteau, des feuillages et des anges tenant soit l'encensoir, soit la navette, servent de consoles.

La voussure est triple. Au premier rang, douze anges debout, un peu mutilés, qui paraissent avoir tous tenu des couronnes destinées aux martyrs ; un treizième ange,

12

placé au sommet de l'arc, entre deux dais, en présente une
~ de chaque main. Au second rang, quatorze martyrs assis,
entre autres deux diacres, saint Laurent avec son gril, et
saint Vincent tenant un livre fermé; saint Maurice et saint
Georges, couverts de mailles; saint Denis, portant cette
fois à deux mains sa tête mitrée; saint Clément avec la
meule qui lui fut attachée au cou; saint Eustache agenouillé devant la face du Christ, qui lui apparaît entre les
deux bois d'un cerf. Les sept autres ne sont pas aussi faciles
à nommer. Il y a un pape coiffé de la tiare, deux évêques,
un personnage avec un livre fermé, deux qui tiennent des
hampes de croix ou de lances, un dernier qui n'a plus
d'attribut. Les martyrs ont ici la prééminence sur les doc-
— teurs ou les confesseurs assis au nombre de seize dans le
troisième rang de la voussure. Ce sont des prêtres ou des
moines tenant presque tous des livres, soit ouverts, soit
fermés. Le premier personnage, à gauche, vêtu en religieux, tient une crosse; il représente un abbé, peut-être
saint Benoît. Au sommet du cordon des martyrs, un ange
apporte deux couronnes; à la pointe du troisième, une
tête barbue, probablement le Père Éternel, se montre
entre deux dais.

Le Chœur et l'Abside. La Porte-Rouge.

L'enveloppe de la partie basse du chœur et de l'abside
a été reconstruite à plusieurs reprises, entre les années
1257 et 1310 environ. Les quatre premières chapelles
après le transsept au nord, et les trois premières au sud,
appartiennent à la période de travaux qui commença en
1257, par la réédification de la façade du croisillon méridional. Elles sont percées de fenêtres à meneaux, surmontées de balustrades et de pignons. Des niches trilobées,

qui ont aussi leurs pignons historiés , ornent les contre-
forts dans les intervalles des chapelles. Ces niches, aujour-
d'hui vides , contenaient des statues. L'abbé Lebeuf y
trouva, dans celles du nord, Esther et Assuérus avec leurs
noms, David et Goliath ; dans celles du midi , un groupe
de grande proportion représentant saint Étienne lapidé
par les Juifs. Diverses figures de vertus et de vices, posées
vers la porte Rouge, avaient été déjà retirées ; on avait
aussi fait disparaître celle de Job. Toutes ces statues
conservaient des traces de coloration et dataient du
xive siècle.

Les chapelles qui succèdent à celles dont nous venons
d'indiquer les principaux caractères , accusent bien , par
leur ornementation plus abondande et moins ferme en
même temps , le style en usage au commencement du
xive siècle. Les niches des contre-forts sont plus ornées et
plus profondes, les pignons plus évidés, les feuillages plus
découpés , les animaux et les gargouilles en plus grand
nombre , les balustrades plus compliquées. Les tympans
des pignons contiennent de très-jolis mascarons à faces
humaines qui se fondent dans un feuillage. Les fenêtres
des chapelles sont larges et divisées par des colonnettes en
plusieurs baies, avec compartiments variés au-dessus de
cette arcature. D'un croisillon à l'autre, les chapelles du
chœur et de l'abside décrivent une suite de vingt-trois
travées. Leur décoration frêle et détaillée, fort endommagée par le temps, exige une restauration presque
complète.

La tribune au-dessus du collatéral ne diffère pas de
celle de la nef ; même structure et même balustrade tréflée.
Les baies qui l'éclairent ont aussi été défigurées ; des
travaux, entrepris pour leur rendre leurs formes nécessaires, sont commencés du côté du sud. Quelques-unes de

ces baies, les deux premières au nord et les six du rond-
point, ont été refaites au xive siècle avec meneaux , compartiments et pignons à jour , comme ceux des chapelles
basses.

Les fenêtres hautes du chœur et de l'abside sont semblables à celles de la nef ; elles ont été agrandies et modifiées de la même manière. Seulement , le xiiie siècle ne
les a pas dépouillées des billettes carrées de leurs archivoltes, ni des chapiteaux encore romans des colonnettes
qui les accompagnent. Une large ceinture, formée de trois
rangs de billettes semblables à celles des fenêtres , et disposées comme des créneaux renversés, fait complétement
le tour du chevet, au-dessous de la dernière corniche.
Quant à cette corniche, aux gargouilles de l'entablement,
aux fleurons, à la balustrade, la disposition est la même
que sur les côtés de la nef.

Les contre-forts ont été rebâtis à l'époque de la construction des chapelles. Les seuls qui soient anciens sont
les plus rapprochés du transsept , et encore ont-ils été
modifiés dans leurs formes ; ils se reconnaissent à leur
recouvrement bordé de dents de scie. Au rond-point , les
contre-forts s'étant multipliés comme les travées des
chapelles , en raison de l'étendue de la courbe , il y en a
de deux sortes, les principaux qui vont contre-butter les
maîtresses voûtes , et les secondaires qui s'arrêtent à la
tribune. Tous les contre-forts qui correspondent aux travées de la haute voûte présentent un double rang d'arcs.
Les arcs rampants de la rangée supérieure ont en quelques
endroits plus de treize mètres de portée, par suite de
l'éloignement où les piles extérieures se trouvent des
points auxquels ces arcs doivent se rattacher[1]. De nom-

[1] Les massifs de ces piles ne sont pas plus écartés du mur de
l'abside que ceux des piles latérales ne le sont des murs de la

breux clochetons et de hautes aiguilles, montés sur des
édicules à jour , s'élèvent sur les têtes des contre-forts.
Un seul, le premier après le croisillon septentrional, est
surmonté de deux belles statues adossées, dont les têtes ont
été malheureusement brisées. L'architecte du xive siècle
a déployé ici beaucoup d'adresse et d'habileté pour reprendre successivement tous les arcs-boutants sans compromettre la solidité de l'édifice , et pour équilibrer les
poussées des voûtes , tout en réduisant le volume des
points de résistance. L'aspect du rond-point est très-pitto-
resque. Si les grands arcs paraissent maigres et disgra-
cieux, en revanche la multitude des pinacles et des pignons
à jour, les aiguilles couvertes jusqu'à leurs sommets de
feuillage et d'autres ornements, le triple rang de balustrades qui enveloppe l'abside, les animaux fantastiques
dont les gueules ouvertes s'allongent de toutes parts pour
déverser les eaux, composent un ensemble plein de mouvement et de variété.

La porte Rouge devait son nom à la couleur qui en
couvrait autrefois les vantaux. Elle a été laissée ouverte
sous la fenêtre de la troisième chapelle du chœur au nord,
à l'époque même de la construction de cette partie de
l'édifice, dans la seconde moitié du xiiie siècle, vers 1257.
On y monte cinq degrés réparés avec des morceaux de
pierres tombales. L'architecture consiste en une baie
ogivale, accostée de deux pieds-droits, et surmontée d'un
pignon à jour qui laisse arriver la lumière à la fenêtre de
la travée. Les pieds droits sont coiffés d'élégantes aiguilles.
Le pignon, tout évidé en trèfle, a son ajustement de cros-
settes et de fleurons. Deux niches, avec cordons de feuil-

nef. Mais les contre-forts sont beaucoup moins élevés, et par une
conséquence nécessaire, la portée des arcs-boutants est plus
grande.

lage et dais en châteaux, garnissent les ébrasures. Quatre
colonnes, dont les chapiteaux à crochets appartiennent
évidemment au xiii° siècle, reçoivent les retombées des
deux cordons toriques de la voussure. Au stylobate,
décoré avec autant de richesse que d'originalité, des galons
perlés et croisés dessinent des cercles remplis par des
rosaces et des octogones animés par de charmantes petites
figures. Trop exposée aux injures des passants, cette
sculpture a été bien endommagée. On y retrouve encore
cependant des oiseaux chimériques, la syrène, le pélican
qui nourrit ses petits de son sang, des griffons, des dra-
gons, l'autruche, l'âne, la chèvre, le porc, le singe, le
lièvre, le lapin, le serpent, plusieurs cerfs qui courent, qui
sont au repos, qui se lèchent les jambes, qui aiguisent
leurs bois contre les arbres, enfin des centaures qui
arment leurs arcs pour lancer des flèches. Il y avait plus
de cinquante animaux ou personnages. Les groupes
sculptés dans la voussure, au nombre de six, avec une
finesse extrême, ont été souvent dessinés et moulés par
les artistes. Le premier est en partie brisé ; on y distingue
les débris du dragon de saint Marcel, les pieds sur le
cadavre de la femme coupable, et deux personnages dont
l'attitude annonce qu'ils osent à peine regarder le monstre.
Les autres groupes représentent saint Marcel, proposé
comme le modèle des vertus épiscopales ; il baptise, il
donne la communion, il instruit ses clercs, il emmène
enchaîné le dragon, il accueille des pauvres ou des voyageurs. Dans le cinquième groupe, le saint évêque est suivi
d'une femme nimbée, coiffée d'un voile, tenant un livre
fermé et une palme. Nous avons vainement demandé à la
légende quelle pouvait être cette sainte. Le fond du
tympan laisse apercevoir des traces de peinture. Comme
à la grande façade, à la porte de la Vierge, la gloire de

Marie dans le ciel est le sujet du bas-relief. La Vierge siège
à côté de son fils; un ange vient de lui poser une couronne
sur la tête. Le Christ a sur la tête une couronne royale,
et tient un livre fermé; sa main droite levée pour bénir sa
mère, est cassée. A droite, un roi jeune, imberbe, à
genoux; à gauche, une reine, en pareille attitude; tous
deux les mains jointes, vêtus de robes longues et de manteaux. Le Christ n'a pas de nimbe, non plus que sa mère,
et contrairement aux principes iconographiques, ses pieds
sont emprisonnés dans des chaussures.

Quelles sont ces deux figures royales qui prient si
pieusement Jésus et Marie? Nous n'hésitons pas à
répondre que le roi n'est autre que saint Louis, et que la
reine représente Marguerite de Provence. Les destructions
révolutionnaires ont si bien fait leur œuvre, que ce sont
peut-être les seules effigies sculptées au xiiie siècle qui
nous restent du saint roi et de sa digne compagne. Les
traits du roi pourront sembler un peu jeunes. Mais, en
1257, saint Louis n'avait encore que quarante-trois ans.
Nous ne prétendons pas d'ailleurs que la statuette de la
porte Rouge soit le portrait rigoureusement exact de ce
grand prince. Nous voulons seulement constater que c'est
lui qu'on a voulu figurer ici, et nous nous réservons
d'examiner plus tard l'authenticité de son image [1].

Auprès de la porte Rouge se trouvait autrefois le grand
puits du cloître. Un peu plus loin, sept bas-reliefs sont
incrustés dans le soubassement des cinquième, sixième et
septième chapelles, à deux mètres de hauteur environ.

[1] La date de cette porte, grâce aux observations de M. Didron
et à celles que nous avons pu faire nous-mêmes, ne saurait être
douteuse : elle appartient au milieu du xiiie siècle, bien qu'on
l'ait attribué longtemps sur la foi de textes erronés au xive ou
même au xve siècle.

La sculpture y proclame encore la gloire de la mère de Dieu. Marie meurt entourée des apôtres ; les apôtres transportent son cercueil jusqu'à la vallée de Josaphat, et les mains du prince des prêtres restent clouées à la bière qu'il avait tenté de renverser ; la Vierge monte au ciel dans une gloire entourée d'anges ; le Christ, adoré par des anges ; le couronnement de Marie ; la Vierge intercédant auprès de son fils assis et couronné d'épines ; enfin, dans un même cadre, les épisodes principaux de la légende de Théophile.

Du côté du sud , vers l'emplacement de l'ancienne demeure des évêques, il reste, au bas de quelques contre-forts, des traces, aujourd'hui bien peu appréciables, d'une décoration peinte en grisailles. Ce qu'on distingue le mieux, c'est une arcature de cinq ogives trilobées qui contenaient des personnages. Aucun renseignement ne nous est parvenu sur ce curieux emploi de la peinture et de l'ornementation extérieure de la cathédrale. N'oublions pas de citer les petits animaux qui servent de déversoirs aux piscines des chapelles.

Tout l'édifice est construit en bonnes pierres de taille provenant des carrières des environs de Paris ; une char-pente énorme, en bois de chêne, longue de 356 pieds, qu'on appelle la forêt [1], soutient la couverture en plomb de toute la partie haute de l'église. La disposition du grand comble est très-simple. Un chapiteau, taillé dans le poinçon qui existe encore au centre de la souche de

---

[1] On a cru longtemps que les charpentes de nos cathédrales étaient construites en châtaignier, et ce bois passait pour avoir la propriété merveilleuse de chasser les insectes. De nom-breuses expériences, faites sous les auspices du Comité des arts et monuments, ont prouvé qu'elles étaient en chêne dans la plupart de nos grandes églises du nord.

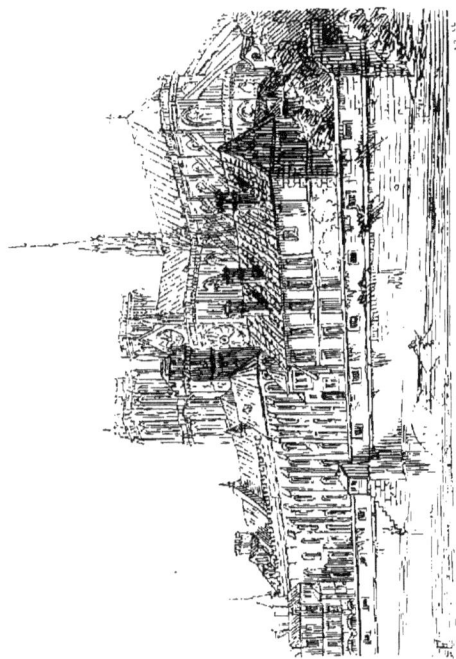

Vue de Notre-Dame et de l'ancien Évêché.

Vue de Notre-Dame et de la Sacristie actuelle.

l'ancienne flèche centrale, fixe au XIIIe siècle, de la manière la plus précise, la date de la construction de la charpente aussi bien que celle de ce campanile. La couverture se compose de 1236 tables de plomb, dont chacune a 10 pieds de longueur sur 3 de large, et dont le poids total est évalué à 420,240 livres. La flèche, aussi couverte en plomb, avait 104 pieds depuis le faitage du comble jusqu'au coq placé à l'extrémité de la croix. Elle menaçait ruine en 1792; on la détruisit peu de temps après. La vue que nous publions des bâtiments de l'évêché représente la flèche encore debout et peut donner une idée de l'heureux effet qu'elle produisait pour rompre la longue ligne du comble.

Notre gravure de la façade occidentale de Notre-Dame la montre complétement restaurée, avec toutes ses statues remises en place, d'après le projet communiqué par les architectes. La gravure de l'élévation méridionale rétablit également la décoration des chapelles et des contre-forts, dans l'état où elle reparaîtra d'ici à quelques mois. Nous avons réédifié la flèche, dont la restitution semble définitivement arrêtée. Nos lecteurs pourront juger, d'après notre planche, de la disposition des bâtiments de la sacristie neuve avec la vieille cathédrale. Quand on a vu, comme nous, la sacristie que Soufflot avait adaptée aux chapelles du chœur, et qui les écrasait de sa pesanteur, on apprécie bien mieux encore tout ce que l'aspect extérieur de Notre-Dame a gagné depuis la construction de la sacristie nouvelle. L'Administration des cultes a généreusement accepté tous les sacrifices pour que cet accessoire indispensable de la cathédrale fût amené à perfection[1].

---

[1] Le *Dictionnaire raisonné d'Architecture* de M. Viollet-le-Duc examine successivement tous les détails de la construction de

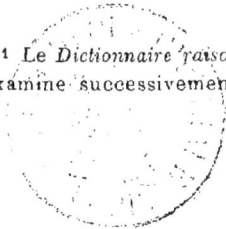

13

Intérieur de l'église.

L'aspect intérieur de Notre-Dame est très-imposant.
Le caractère un peu lourd de l'architecture n'a rien qui
nuise à l'effet général ; il lui imprime au contraire quelque
chose de plus grave et de plus majestueux. Tandis que
l'enveloppe de l'édifice subissait tous les changements que
nous avons constatés, la nef et le chœur, dont la construction exigea près de soixante ans de travaux, conservaient dans leur ensemble une remarquable unité. Ce
n'est guère que dans les détails qu'on surprend quelques
différences. Rejetées en dehors de la ligne que l'œil par-
court depuis l'entrée occidentale jusqu'au fond de l'abside,
les façades du transsept ne viennent pas interrompre la
symétrie. Au milieu de tant de pertes à jamais regrettables
que l'église a successivement éprouvées, la plus fâcheuse
de toutes, celle qui en altère le plus profondément les
conditions essentielles, c'est la suppression systématique de
tous les vitraux peints qui remplissaient les trois rangs de
fenêtres dans les chapelles, dans la tribune et dans le
pourtour des maîtresses voûtes. Toutes ces baies, garnies
aujourd'hui de verres incolores, laissent arriver le jour
avec trop d'abondance et de liberté. L'architecte du
xiiie siècle, qui crut devoir agrandir toutes les fenêtres
hautes, comptait sur la présence des vitraux peints pour
colorer la lumière et pour réchauffer les tons par trop
uniformes des grandes murailles. Il aurait, nous n'en
pouvons douter, adopté d'autres combinaisons, s'il n'avait

Notre-Dame, et les explique soit par le texte, soit par la gravure.

eu à sa disposition ce moyen sûr d'illuminer l'édifice des
teintes les plus brillantes et les plus variées.

Du seuil de la grande porte au transsept, le nombre
total des travées est de dix; mais les deux premières,
comprises entre les tours forment une espèce de porche
intérieur, dont l'élévation est d'ailleurs égale à celle du
reste de la nef. Ces deux travées n'ont pas la même largeur que les suivantes : un faisceau de colonnes les sépare,
de chaque côté, l'une de l'autre, et des colonnettes, placées
en second ordre, montent à la voûte. De grandes baies
ogivales ouvrent sur les salles de l'étage supérieur des tours.
A la première travée, au-dessus de l'entrée de l'église, se
trouve la tribune de l'orgue, construite aussi au xiiie siècle,
et dont la voûte croisée de nervures repose sur les piles
latérales. Avant l'établissement des orgues, cette tribune
pouvait recevoir des chanteurs ou servir à la représentation de quelques scènes du drame liturgique, ce qui
avait lieu encore, il n'y a pas longtemps, dans certaines
églises d'Italie. Deux piliers admirables, formés de la
réunion de nombreuses colonnes qui s'élèvent d'une seule
venue jusqu'à la maîtresse voûte, soutiennent chacun le poids
d'un des angles des tours, et marquent, en même temps
que la limite du porche, le commencement de la nef pro-
prement dite; ils portent un vigoureux arc doubleau ren-
forcé d'énergiques moulures. Huit travées appartiennent
donc spécialement à la nef. La nécessité de consolider les
parties voisines des tours n'a pas permis de donner à la
première une largeur pareille à celle des sept autres.
Aussi cette travée présente-t-elle un arc en ogive surhaus-
sée qui n'a pas eu de place pour se développer davantage.
Deux files de sept colonnes monostyles servent de support aux arcs latéraux, et une dernière s'engage de chaque
côté dans le pilier d'angle du transept. Ces colonnes sont

d'un très-fort diamètre ; elles ont des socles carrés, avec grandes feuilles sur les angles, des bases entourées de scoties et de moulures plates, des chapiteaux d'une grosseur peu commune, sculptés d'une riche et puissante végétation tout empruntée à la Flore parisienne. La première colonne de chaque file est cantonnée de quatre autres, évidemment destinées à dissimuler les porte-à-faux du second ordre et des arcs latéraux. Le second pilier ne conserve plus qu'une seule de ces colonnes engagées, qui lui vient en aide pour porter le groupe de colonnettes implanté sur son chapiteau. Dégagées de toutes ces excroissances, les colonnes qui suivent ont une allure franche et régulière. Tous les arcs latéraux sont en ogive, bordés de moulures toriques. Au-dessus de chaque colonne s'élève un triple faisceau qui va recevoir les retombées des voûtes, et qui porte aussi deux petites colonnes sur lesquelles s'appuient les arcs formerets. Une grande tribune, toute voûtée en pierre, d'une largeur égale à celle du premier collatéral, se prolonge dans toute l'étendue de la nef, au-dessus des arcs inférieurs. A la première travée, plus étroite que les suivantes, nous l'avons dit, elle n'a que deux baies soutenues par de solides pilastres, et encore cette précaution n'a-t-elle pas suffi ; le tassement des tours a occasionné dans les arcs une dépression très-sensible. Sur chacune des sept autres travées de la nef, et sur deux travées en retour dans le transsept, la tribune ouvre par une triple ogive encadrée d'un grand arc de même forme. La baie médiane dépasse celles qui l'accompagnent ; à elles trois elles ont pour appuis deux colonnes légères taillées chacune dans un seul bloc, et deux pilastres engagés, tous couronnés de chapiteaux à crochets. Un œil-de-bœuf a été percé dans le tympan de chacun des arcs qui enveloppent les trois autres, du côté du sud; il n'y a pas d'ouvertures semblables dans les tympans du côté du nord. Cette galerie ajoute beaucoup à l'effet du monument par ses proportions; c'est une disposition particulière aux églises de l'Ile-de-France. Le regard se perd au milieu des voûtes et des faisceaux de colonnes de cette seconde cathédrale suspendue aux flancs de la grande église. L'état provisoire du mur de clôture et des baies de la tribune, du côté extérieur, indiquait comment les voûtes en avaient été modifiées lors de l'agrandissement des fenêtres supérieures. Aujourd'hui la disposition primitive a pu être rétablie dans la première travée après les tours et dans les deux retours des galeries sur les transsepts.

Nous avons déjà indiqué les changements apportés, dès le XIIIᵉ siècle, à la forme des fenêtres hautes, et le rétablissement commencé de quelques-unes d'entre elles dans leur état primitif. Les fenêtres, agrandies par les successeurs des premiers architectes, descendent presque sur les grands arcs de la tribune. Au contraire, avant leur remaniement, les baies des fenêtres s'arrêtaient à une distance telle, qu'une rose avait pu être pratiquée au-dessous de chacune d'entre elles. L'édifice avait ainsi à l'intérieur un étage de plus, et l'on peut voir, d'après les travaux déjà opérés, combien il y gagnait en grandeur apparente. La nef centrale était particulièrement éclairée par les grandes fenêtres ouvertes dans les murs des galeries. Il est facile, aujourd'hui, de se rendre compte de cette belle disposition première.

Les voûtes sont partagées en travées par des arcs doubleaux, et croisées de nervures. Deux cordons toriques, avec un filet intermédiaire, forment les nervures; les arcs doubleaux présentent un bandeau plat accompagné aussi de deux tores. Les clefs sont sculptées de fleurons accostés

— de têtes d'hommes ou d'animaux. Cette maîtresse voûte paraît nue et dégarnie. Les nervures, au lieu de s'y croiser à chaque travée, suivant le système adopté plus tard, forment les diagonales de deux travées. Des voûtes ainsi disposées se prêtent mieux assurément à recevoir de grandes figures peintes que celles où des nervures multipliées fractionnent l'espace en compartiments étroits ; mais, réduites soit à la teinte de la pierre, soit à celle du badigeon, elles ne paraissent pas suffisamment remplies. L'œil, qui vient d'ailleurs de mesurer l'étendue de l'édifice par le nombre des travées inférieures, ne s'habitue pas facilement à voir les divisions du plan diminuées de moitié par l'arrangement de la voûte supérieure ; les dimensions réelles du monument semblent amoindries d'une manière très-notable.

Les collatéraux de la nef sont doubles sur une longueur de huit travées. A l'entrée de chacun de ces deux bas-côtés, sous la tour, une vaste salle carrée, sans divisions, forme un porche correspondant aux deux premières travées de la nef médiane. Ensuite, le bas côté est divisé par une file de sept colonnes en deux galeries, dont les deux points extrêmes sont marqués par des piliers. Les colonnes sont alternativement monostyles, et entourées de douze minces colonnettes entièrement détachées du fût central, auquel elles adhèrent seulement par les bases et par les chapiteaux. Voûtes croisées de nervures à chaque travée ; arcs doubleaux, nervures et chapiteaux pareils à ceux de la nef ; colonnes engagées dans les intervalles des chapelles ; feuilles sculptées sur les angles de presque toutes les bases ; petites clefs fleuronnées, quelquefois en formé de croix.

Les chapelles sont au nombre de quatorze, sept au nord comme au midi. Elles sont petites et ne tiraient autrefois leur importance que de leurs fondations, ou des choses précieuses qui s'y trouvaient rassemblées. Des colonnettes s'engagent dans leurs angles ; à leurs voûtes, autour d'une clef d'un feuillage élégant, se croisent des nervures formées d'un cordon torique qui se détache sur un bandeau. Nous avons déjà parlé des baies à meneaux qui les éclairent. Leurs arcs d'ouverture sur le collatéral, bordés de plusieurs rangs de tores, manquent de proportion ; les colonnes, qui en reçoivent les retombées, ayant été un peu trop exhaussées, il n'est plus resté de place pour dessiner une ogive complète. Les trois dernières chapelles au nord ont seules à leur entrée des colonnes maintenues à la même hauteur que celles du bas côté, et dès lors l'arc ogival a pu s'y développer dans sa forme normale.

Aux quatre angles de la partie centrale du transsept, de robustes piliers, revêtus les uns de pilastres réunis, les autres de colonnes en faisceaux, montent sans interruption depuis le sol jusqu'aux voûtes. Les deux croisillons n'avaient chacun dans le principe que deux travées en longueur, semblables à celles de la nef ; ils ont été allongés d'une travée moins profonde, à l'époque de la reconstruction de leurs façades. Les travées plus récentes se distinguent parfaitement des quatre autres ; de fines nervures rondes se croisent à leurs voûtes, autour d'une clef plus fouillée et plus abondante que celles des parties plus anciennes. La porte du nord et celle du sud s'ajustent dans une arcature assez riche, dont les divisions et les tympans ne peuvent mieux se comparer qu'à ceux d'une grande fenêtre à meneaux. Dans le croisillon méridional, des statues plus ou moins mutilées, représentant le Christ et plusieurs saints personnages, sont restées debout sur les pointes des gâbles. En décrivant l'extérieur des façades, nous avons fait connaître la galerie à jour qui s'étend dans toute la largeur de chaque croisillon, et la grande rose qui s'ouvre un peu plus haut. L'arcature externe de la galerie est doublée en dedans par une arcature pareille ; un passage circule entre leurs deux rangs de colonnettes, et il en existe encore un second au-dessus d'elles. L'effet intérieur des roses, avec les éclatantes verrières qui en garnissent tous les compartiments, rappelle les descriptions merveilleuses que Dante nous a données des cercles concentriques du paradis ; elles étonnent les regards et les enchantent tour à tour par une splendeur incomparable. Pour décorer les murs latéraux de ses travées, Jean de Chelles y a continué en application des arcatures et des fenêtres à meneaux. Le cardinal de Noailles a dépensé généreusement plus de deux cent mille livres pour réparer la voûte du croisillon méridional et la rose de son mur de face. Boffrand, architecte du roi, dirigea les travaux, qui furent exécutés par l'appareilleur Claude Pinet, de 1725 à 1728.

On monte trois marches du transsept au chœur et à ses collatéraux. Les deux arcs par lesquels les bas côtés du chœur ouvrent sur chaque croisillon portent les traces de reprises faites vers le XIVe siècle. On y voit, notamment au-dessus des archivoltes, quatre petites figures d'anges très-fines qui sonnent de la trompette. Une de ces statuettes a été débadigeonnée ; elle est complétement peinte.

L'architecture du chœur et de l'abside ne diffère de celle de la nef que par les détails qui appartiennent à un style encore à moitié roman. Le chœur a quatre travées de longueur ; on en compte sept en pourtour à l'abside. Les cinq travées de la tête de l'abside outrepassent un peu l'hémicycle et tendent à décrire un cercle plus complet. Deux piliers et quatorze colonnes libres portent les arcs de cette seconde partie de l'église. Toute l'ordonnance du rez-de-chaussée

a malheureusement disparu derrière une ornementation
moderne. Ainsi, les quatre travées du chœur sont complétement masquées jusqu'à la tribune par des stalles du
xviiie siècle, par l'architecture des portes latérales et par
des tableaux d'une énorme dimension. Les sept travées de
l'abside ont vu emprisonner leurs colonnes et leurs ogives
sous de grandes plaques de marbre, qui transforment les
premières en pilastres et les secondes en pleins cintres.
L'église de Maurice de Sully ne sort de ces entraves qu'au-
dessus des grands arcs. La tribune est demeurée intacte.
Elle règne sans interruption dans toute la circonférence,
et retourne dans le transsept sur les deux travées anciennes
de chaque croisillon. Sur chacune des travées du grand
vaisseau elle présente, non plus trois baies comme dans la
nef, mais seulement deux ogives, comprises sous un même
arc, bordées de moulures, soutenues par une colonne
libre et par deux colonnes engagées. Les chapiteaux, un
peu plus anciens que ceux de la nef, sont aussi plus richement ciselés et plus variés dans leurs formes. On sait
quelle recherche les sculpteurs de l'époque romane ont
souvent déployée dans cette partie si essentielle de la décoration. Nous retrouvons ici sur quelques chapiteaux le rinceau des premiers temps du xiie siècle, et les muffles
d'animaux qui mordent le feuillage aux angles de la corbeille. Aux deux travées du croisillon nord, la tribune du
chœur a perdu ses divisions intérieures et ne conserve
plus que les arcs d'enveloppe. Dans le croisillon sud, on
remarque, sur ses colonnes et sur ses arceaux, des restes
considérables de coloration, qui annonceraient au moins
un commencement de décoration peinte projetée pour l'architecture. Dans le cours du xviiie siècle, le Chapitre fit
garnir de rampes de fer toutes les baies de la tribune pour
prévenir les accidents qu'on pourrait craindre, quand la

foule se presse dans les galeries aux jours des solennités annuelles[1].

Comme celles de la nef, les colonnes du chœur et de l'abside portent des faisceaux triples qui vont rejoindre les voûtes. Les fenêtres hautes, les arcs doubleaux, les nervures, les clefs accostées de têtes, les arcs formerets sont les mêmes que dans la nef, sauf quelques différences d'exécution qui se perdent dans l'ensemble. Les nervures de la voûte ne se croisent que deux fois pour les quatre travées du chœur. Celles du rond-point se réunissent, au nombre de sept, autour d'une même clef.

Un double collatéral environne tout le chevet. Quatre piliers et dix-sept colonnes le partagent en deux galeries. Le nombre de ses travées est donc de vingt, c'est-à-dire qu'il en a cinq de plus que le chœur et l'abside ensemble. La différence du rayon de la courbe à décrire explique naturellement cet accroissement dans le nombre des arcs et dans celui des points d'appui nécessaires pour les soutenir. C'est d'ailleurs toujours le même système dans la structure des voûtes. Seulement, au rond-point, comme la disposition des travées à couvrir ne se prêtait plus au croisement régulier des nervures, on s'est contenté de réunir entre eux les points d'appui par des arcs en ogive, dont les intervalles ont été remplis au moyen de portions de voûtes de formes diverses. Les colonnes libres et les

___

[1] Nous lisons dans les *Remarques historiques et critiques sur les églises de Paris*, publiées en 1792 par F. Jacquemart, que le Chapitre mettait en réserve tous les ans une somme de 50,000 livres pour les réparations. Le même auteur vante aussi l'exactitude du Chapitre à payer les honoraires de tous les officiers de l'église, et le scrupule qu'il apportait à rendre compte publiquement chaque année, dans le *Bref*, de l'emploi des revenus et de l'acquittement des fondations.

groupes engagés dans les murs de refend des chapelles appartiennent à la première construction, comme le prouvent suffisamment le style de leurs chapiteaux et les feuilles en relief sur les angles de leurs socles. Deux harpies, l'une mâle, l'autre femelle, à corps d'oiseau et tête humaine, sculptées dans un feuillage, sur un chapiteau, entre les septième et huitième chapelles au sud, marquent la transition du style qui se plaisait à l'emploi des personnages et des animaux, à celui qui leur a substitué presque exclusivement le règne végétal. Si de la colonnade intermédiaire nous passons aux chapelles, nous voyons qu'elles présentent un total de vingt-trois travées. A mesure qu'on s'éloigne du centre, le nombre des subdivisions devient forcément plus considérable. Nos lecteurs savent déjà les dates de toutes ces chapelles. Les cinq premières, de chaque côté, n'ont pas plus d'une travée d'étendue. La première surtout est plus restreinte encore, envahie par le massif qui renferme l'escalier de la tribune. Vers le rond-point, l'architecte du xive siècle a voulu que ses chapelles fussent plus dégagées et plus élégantes. Il a donc pris le parti de supprimer huit murs de refend pour avoir deux chapelles doubles et trois triples. Le collatéral y a gagné plus de légèreté et plus de lumière. Dans les chapelles simples, les nervures croisées reposent sur des colonnettes engagées dans les angles. Les chapelles doubles et triples ont des faisceaux de colonnes pour soutenir leurs voûtes et leurs arcs doubleaux. Les nervures sont rondes, quelques-unes même avec ce filet en saillie sur le tore qui devint ordinaire dans la seconde moitié du xiiie siècle. Le feuillage des clefs et des chapiteaux, chêne, lierre, trèfle, vigne, etc., a été traité avec une délicatesse et une vérité charmantes. Les arcs doubleaux et les arcs d'ouverture sont fortifiés de nombreuses moulures toriques. Il est inté-

ressant de comparer sur place, et souvent dans l'espace
d'une même travée, la manière du xii° siècle et celle du
xiv°. Il est resté dans plusieurs de ces chapelles, comme
dans quelques-unes de celles de la nef, des piscines creu-
sées dans les murs et surmontées de petits pignons. Tout
était prévu. Ainsi, ces piscines présentent un double bas-
sin, l'un communiquant avec l'extérieur par un déversoir
pour rejeter l'eau qui a servi à purifier les mains du prêtre
avant le canon de la messe; l'autre, percé d'un conduit
qui va se perdre dans le sol même de l'église, afin de ne
pas laisser tomber sur une terre profane l'eau dont le
prêtre se lave les doigts après avoir touché aux saintes
espèces.

Quelques vagues indices de peinture murale s'aperçoi-
vent çà et là sur les murs des chapelles absidales. Les
traces d'une décoration polychrome plus complète se sont
trouvées sous le badigeon dans les trois chapelles du fond.
On a découvert il y a quelques mois sur le mur de refend
de droite de la chapelle du fond, une belle peinture du
xiv° siècle représentant la Vierge assise sur un trône avec
l'enfant Jésus; à gauche est saint Denis à genoux tenant
sa tête entre ses bras; à droite un évêque également
agenouillé; au-dessus de la Vierge on voit deux anges
enlevant une âme sous forme d'un jeune homme nu. Une
arcature en pierre entourait cette peinture, qui se trouvait
probablement placée au-dessus du tombeau de Matiffas de
de Bucy, le fondateur de ces chapelles. L'évêque placé à
la droite de la sainte Vierge serait alors le pieux prélat.
Dans la crainte de voir disparaître ces restes qui déno-
tent un art fort avancé, les architectes les ont fait copier
en *fac simile* de grandeur naturelle par M. Steinheil.

La seconde et la troisième chapelles du chœur au sud
servent maintenant de passage pour arriver aux galeries

du cloître de la sacristie neuve. Des portes y ont été pratiquées au-dessous des fenêtres, de manière à modifier le moins possible l'aspect de l'architecture.

Décoration; ameublement.

La cathédrale attend, depuis cinquante années, le rétablissement de ses autels et la réparation de ses chapelles. Il n'existe peut-être dans aucun des diocèses de France une église épiscopale dont la décoration intérieure soit aussi peu en rapport avec la dignité de son caractère. Le chœur seul et l'abside ont gardé une partie de la décoration somptueuse dont le roi Louis XIV les dota, en exécution du vœu de son père, Louis XIII. Dans ses lettres patentes du 10 février 1638, après avoir mis son royaume sous la protection spéciale de la Vierge, Louis XIII déclarait qu'il consacrerait dans le sanctuaire de Notre-Dame de Paris le souvenir de ce vœu solennel. « Afin, disait-il, que la postérité ne puisse manquer à suivre nos volontés à ce sujet, pour monument et marque incontestable de la consécration présente que nous faisons, nous ferons construire de nouveau le grand autel de l'église cathédrale de Paris, avec une image de la Vierge qui tienne entre ses bras celle de son précieux fils descendu de la croix, et où nous serons représenté aux pieds du fils et de la mère, comme leur offrant notre couronne et notre sceptre. » Louis XIII cessa de vivre en 1643, sans avoir pu mettre la main au monument qu'il avait projeté; Louis XIV se chargea d'acquitter la dette de son père. Commencée en 1699, interrompue à l'époque de nos revers, reprise en 1708, la nouvelle décoration du chœur de Notre-Dame fut terminée une année seulement avant la mort de Louis XIV. Nous en reconnaîtrions sans peine la grandeur

et la magnificence, si elle avait conservé ses bronzes dorés
et ses grilles ouvragées et si elle ne nous avait pas coûté le
sacrifice de tout ce que l'ancien chœur contenait de plus
vénérable et de plus précieux. Robert de Cotte donna les
dessins; Nicolas Coustou, Guillaume son frère, et Coyzevox
sculptèrent en marbre la descente de croix et les effigies
agenouillées de Louis XIII et de Louis XIV ; les huit anges
de bronze, les uns en adoration aux angles de l'autel, les
autres adossés aux piliers de l'abside, furent modelés par
Cayot, Vanclève, Poirier, Hurtrelle, Nagnier et Anselme
Flamen; Vassé fit les bas-reliefs de l'autel ; Pouletier,
Frémin, Le Pautre, Lemoine, Bertrand et Thierry exécu-
tèrent les douze vertus en bas-relief au-dessus des arcades
modernisées du rond-point; Du Goulon fut chargé de la
sculpture des trônes avec leurs riches couronnements, et
des stalles avec leurs dossiers couverts de bas-reliefs qui
représentent les uns la vie de la Vierge, les autres des
figures allégoriques; les huit grands tableaux furent peints
par Hallé, Jouvenet, La Fosse, Louis Boullongne et
Antoine Coypel. Le groupe de la descente de Croix, six
anges de bronze portant les insignes de la passion, toute
la menuiserie des stalles et des chaires archiépiscopales,
les grands tableaux, à l'exception des trois, sont encore
en place [1]. Les statues des deux rois font partie du musée
de sculpture moderne au Louvre, en attendant qu'elles
puissent rentrer à Notre-Dame. Les figures et les trophées
qui décoraient les arcades absidales n'existent plus. Le
maître autel fut aussi détruit avec tous ses accessoires,
en 1793, et *sur les pompeux débris de l'antique impos-
ture,* comme le proclamaient les hymnes sacrilèges du
culte nouveau, s'éleva une montagne symbolique, du

[1] On a suppléé à ceux qui manquaient par deux peintures de Philippe de Champaigne, et par une troisième de Laurent de Lahire.

sommet de laquelle la déesse *Raison* recevait les hommages d'un peuple en délire. L'autel que nous voyons aujourd'hui n'a été reconstruit qu'en 1803; son Christ au tombeau, en cuivre doré, fondu sur les dessins de Vanclève, provient de la chapelle des Louvois, dans l'ancienne église des Capucines de la place Vendôme. La croix et les six chandeliers appartenaient, avant la révolution, à la cathédrale d'Arras. Le lutrin en bronze, composé avec goût et soigneusement ciselé, date de 1755; le nom de Duplessis, fondeur du roi, y est gravé sur la base.

Les stalles occupent trois travées. A la quatrième, de chaque côté, s'ouvre une porte moderne décorée de grilles, guirlandes et têtes d'anges. La construction de ces portes, si lourdes et si peu agréables à voir, ne s'est accomplie qu'au grand dommage de la curieuse clôture extérieure du chœur. Détruite dans tout le parcours de l'abside, elle s'est heureusement conservée au nord et au sud, en arrière des stalles auxquelles ses parois servent encore de dossier. La partie septentrionale, bien supérieure à l'autre, date du xiii⁰ siècle; celle du sud n'a été sculptée que dans le xiv⁰. Au nord, un soubassement, divisé en dix-neuf ogives trilobées, qui reposent sur des faisceaux de trois colonnettes, porte un bas-relief continu où se succèdent treize sujets du Nouveau Testament. Des touffes de feuillages, des animaux fantastiques et quelques petits personnages remplissent les intervalles des archivoltes. L'arcature, toutes les figures des bas-reliefs et les fonds sont encore enluminés. Nous ne pouvons qu'indiquer les sujets; le lecteur en saura bien apprécier quelques-uns qui sont traités avec un sentiment et un art admirables. La scène marche de l'est à l'ouest. L'établissement du massif de la porte latérale du chœur ayant causé la suppression de tout ce qui précédait, c'est par la Visitation que commence l'histoire évangélique. Puis viennent sans interruption ; 2º l'annonce de la venue du Sauveur aux bergers ; 3º la naissance du Christ ; 4º l'adoration des Mages ; 5º Hérode conseillé par le démon, et présidant au massacre des enfant arrachés des bras de leurs mère par des gardes armés de glaives ; 6º la fuite en Égypte : Marie pressant son fils sur son sein avec une tendresse infinie ; les simulacres des Égyptiens renversés de leurs autels à l'arrivée de l'Enfant-Dieu ; 7º la présentation : une femme portant des colombes dans un panier pour l'offrande légale ; la Vierge soutenant Jésus debout sur un autel ; le vieillard Siméon tendant, pour le recevoir, ses deux mains couvertes d'une nappe ; 8º Marie retrouvant dans le temple l'enfant qui discute avec deux docteurs ; 9º Jésus debout dans l'eau du Jourdain, qui s'amoncèle autour de lui jusqu'à mi-corps, et recevant le baptême des mains de saint Jean ; un ange tenant la tunique ; 10º les noces de Cana : le Christ, la Vierge, l'époux et l'épouse à table ; les urnes dans lesquelles s'est opéré le miracle ; les serviteurs apportant à goûter l'eau changée en vin ; 11º l'entrée à Jérusalem : les apôtres, des palmes à la main ; Jésus monté sur l'âne ; Zachée sur son arbre ; un personnage étendant à terre ses vêtements ; spectateurs sur la porte de la cité sainte ; 12º la Cène : dans une enceinte crénelée, Jésus à table avec les douze apôtres ; saint Jean l'Évangéliste couché sur la poitrine de son maître ; 13º deux apôtres ; le Christ lavant les pieds à saint Pierre, qui tient un livre ; 14º le jardin des oliviers ; les apôtres endormis ; Jésus en prières ; le Père Éternel, qui se montre à mi-corps dans une nuée pour bénir son fils ; plusieurs anges. Deux cordons de feuillage encadrent le bas-relief. La sculpture se continuait sur le jubé ; c'est ici qu'on voyait les mystères de la passion et de la résurrection. Mais l'ancien

jubé fut démoli du temps du cardinal de Noailles, et remplacé par une lourde décoration, qui elle-même a fait
place à deux ambons de marbre. La clôture historiée
reprend du côté du midi, et les sujets se suivent en re-
montant de l'ouest à l'est. Cette seconde partie, moins
ancienne que l'autre, n'a été achevée qu'au milieu du
xıve siècle; le badigeon qui la couvre laisse à peine apercevoir quelques traces de peinture dont elle était rehaussée. Arcature très-fine et bien découpée, composée de
vingt-sept arcs en ogives trilobées qui se divisent en neuf
sections, dont chacune correspond à un sujet sculpté en
ronde-bosse; colonnettes en faisceaux, chapiteaux feuillagés, trèfles entre les retombées des archivoltes, dais
continu, en pendentif, au-dessus des figures.

Nous venons de dire quelle brèche la destruction des
bas-reliefs du jubé avait causée dans la suite des sujets.
Il n'y a plus d'intermédiaire entre l'agonie au jardin des
Oliviers et l'apparition du Christ ressuscité à la Madeleine.
Voici l'ordre des groupes : 1o le Christ, sous la forme d'un
jardinier, se montre à Madeleine; 2o il apparaît aux trois
Maries, qui s'inclinent pour lui embrasser les pieds et pour
l'adorer; 3o plusieurs apôtres réunis dans un édifice;
saint Jean sort pour courir au sépulcre; saint Pierre voit
le Sauveur et s'agenouille devant lui; 4o Jésus marche
entre les deux disciples d'Emmaüs; ensuite il est à table
avec eux dans l'intérieur d'une maison; 5o Jésus, qui ne
s'était montré jusque-là qu'aux saintes femmes, à Pierre
et aux deux disciples, apparaît aux apôtres assemblés;
6o sixième apparition du Christ; il fait toucher à Thomas,
pour le convaincre, ses mains et son côté; 7o il parle à
Pierre sur le bord de la mer de Tibériade; d'autres disciples, montés dans une barque, tirent un grand filet
rempli de poisson : c'est la pêche miraculeuse; 8o les

15

apôtres voient encore une fois le Christ, et quelques-uns d'entre eux s'agenouillent pour l'adorer; 9⁰ les apôtres viennent de se lever de table; le Christ est au milieu d'eux, un livre à la main; il ouvre leur esprit à l'intelligence des Écritures et leur recommande d'aller par tout le monde prêchant l'Évangile à toutes les créatures. L'examen de tous ces sujets, leur description détaillée et la discussion de toutes les questions d'iconographie qui en découlent, nous entraîneraient bien au delà des limites qui nous sont fixées. Les visiteurs de Notre-Dame suppléeront en ce point à notre silence; nous les engageons aussi à bien étudier les deux parties de cette clôture, dont les dates sont certaines, et à se rendre compte ainsi, au moyen d'un exemple facile, des modifications de l'art dans sa marche du XIIIᵉ au XIVᵉ siècle. Quant à nous, la partie la plus ancienne nous paraît bien préférable à l'autre, tant pour le style que pour l'exécution.

La clôture du chœur s'est toujours composée d'une muraille pleine, en arrière des stalles. Mais après avoir laissé un passage pour les deux entrées latérales, elle se prolongeait en claire-voie dans tout le pourtour du sanctuaire, et de cette dernière partie il ne reste malheureusement plus rien; des pilastres, des grilles, une grande niche pour la descente de croix de Nicolas Coustou, en tiennent lieu depuis un siècle et demi. « Le chœur de l'église Nostre-Dame, dit le père Du Breul, est clos d'un mur percé à jour autour du grand autel, au haut duquel sont représentés, en grands personnages de pierre dorez et bien peints, l'histoire du Nouveau Testament, et plus bas l'histoire du Vieil Testament, avec des escrits au-dessoubs qui expliquent lesdites histoires. » Guillaume de Melun, archevêque de Sens [1], avait fait faire une travée de la clôture, en l'hon-

---

[1] Deux prélats de ce nom ont occupé le siége de Sens, au

neur de Dieu, de la vierge Marie et de monseigneur saint
Étienne. Pierre de Fayel, chanoine de Paris, dépensa deux
cents livres pour aider à sculpter les histoires qui étaient
du côté de l'orient et pour les nouvelles verrières de la
tribune au fond de l'abside; l'effigie de ce généreux personnage se trouve aujourd'hui déposée dans les magasins
du Louvre, accompagnée d'une inscription qui constate le
fait de la donation. La clôture commençant, nous l'avons
dit, à l'entrée latérale du chœur au nord, presque vis-à-
vis de la porte Rouge, traversait l'église avec le jubé, se
poursuivait dans le bas côté méridional, enveloppait l'abside, et s'en venait ensuite finir à peu près au point d'où
elle était partie.—En cet endroit, maître Jean Ravy,
maçon de Notre-Dame de Paris pendant l'espace de vingt-
six ans, qui avait commencé cette longue suite de sculptures, était représenté à genoux, les mains jointes. L'inscription qui apprenait le nom et le titre modeste de cet
habile homme, ajoutait que l'œuvre avait été parfaite en
1351, par Jean le Bouteiller.

La cinquième chapelle de la nef au nord, du titre de
Saint-Julien le Pauvre et de Sainte-Marie Égyptienne, est
revêtue d'une partie de la boiserie qui décorait l'ancienne
salle capitulaire, et dont le style accuse la fin du xv° siècle.
Des draperies sculptées en couvrent la partie basse; au-
dessus, de petites niches en coquille, accostées de pilastres
dans le goût de la première renaissance, contiennent les
figures en relief de quinze apôtres ou disciples, de saint
Mathurin, sainte Geneviève, saint Germain, sainte Cathe-
rine, saint Christophe et saint Grégoire, pape. Tous ces
personnages sont désignés par leur nom et caractérisés
par des attributs dignes d'être examinés. Dans une cha-

xiv° siècle, Guillaume IV, de 1317 à 1329, et Guillaume VI, de 1344
à 1376.

pelle voisine, on a recueilli quelques fragments de la
même suite, un saint Jean-Baptiste, un saint Jérôme, un
saint Étienne, un saint Nicolas et un saint docteur que
nous n'avons pas reconnu.

Citons encore le buffet d'orgues sculpté au XVIIᵉ siècle ;
une collection nombreuse de grands tableaux de l'ancienne école française, dont la plupart ont été donnés à
l'église par la Communauté des orfévres, qui jadis en
offrait un chaque année, le 1ᵉʳ mai [1] ; un font baptismal
moderne en marbre blanc, autrefois placé dans l'église de
Saint-Denis du Pas ; un lutrin en bois, orné de figures, qui
fut exécuté par un sculpteur provençal appelé Julience,
pour l'église des Chartreux (XVIIIᵉ siècle); trois statues de
marbre, savoir : une Vierge debout, par Vassé ; une autre
Vierge assise, par Antoine Raggi, provenant des Carmes
déchaussés; un saint Denis, aujourd'hui mutilé, œuvre de
Nicolas Coustou; enfin, un saint Marcel, modelé en plâtre,
dans le siècle dernier, par Mouchy.

Nous devons aussi faire mention de quelques monuments très-curieux qui dépendaient de l'ancienne décoration de Notre-Dame. A l'entrée de la nef, un saint Christophe en pierre d'une proportion colossale, que messire
Antoine des Essarts fit sculpter en 1413, pour remercier
le saint de l'avoir sauvé de la vengeance des Bourguignons.
Au bas du jubé, vers le midi, une Vierge qui opérait des
miracles ; et plus loin, vers le maître autel, l'image de
Notre-Dame de Consolation. A côté du même autel, au
nord, la statue de Philippe-Auguste, élevée sur une colonne

[1] Cette offrande remplaçait le may de charpente historiée et
enluminée que les maîtres orfévres de Paris étaient dans l'usage
de présenter annuellement, depuis 1449, devant le grand portail
de Notre-Dame, le premier jour du mois de mai, à l'heure de
minuit.

de pierre. A l'entrée de la chapelle de Saint-Denis, et à celle de la chapelle de Saint-Nicaise, les statues, également posées sur des piliers, de deux évêques de Paris, Denis du Moulin, patriarche d'Antioche, et Simon Matiffas de Bucy, morts, le premier en 1447, le second en 1304. Près du gros pilier du transsept, devant l'image de la Vierge, trois colonnes de pierre, sur lesquelles étaient placées trois grandes figures en cire, le pape Grégoire XI, son neveu et sa nièce, qui tombèrent de vétusté en 1599. Dans la chapelle de Saint-Martial, près la porte, vers l'évêché, trois statues d'évêques et celle d'un roi qui passait pour Louis VI. Au dernier pilier de la nef, du côté du midi, sur une plate-forme portée par deux colonnes, s'élevait une grande statue de pierre représentant un roi armé de toutes pièces et monté sur son cheval de bataille. Le roi avait la visière de son casque baissée ; une tunique blasonnée de France recouvrait son armure. Le cheval était vêtu d'une longue housse armoriée. Les savants du dernier siècle ont été fort divisés d'opinion sur le vrai nom du prince qui s'était fait sculpter en cet appareil guerrier. Quelques-uns pensaient que Philippe le Bel avait voulu ériger ce monument de sa reconnaissance envers la Vierge pour la victoire gagnée à Mons en Puèle ; ils citaient, comme de graves présomptions en leur faveur, les fondations par Philippe le Bel d'une commémoration solennelle de cette bataille à Notre-Dame de Paris, d'un office de la victoire à Notre-Dame de Chartres, et d'une messe dite aussi de la victoire, à Saint-Denis. Le chapitre de Paris s'était prononcé pour Philippe le Bel ; il avait même rendu publique sa croyance, en faisant placer une inscription dans ce sens au-dessous de la statue. D'autres, et le P. Montfaucon en tête, affirmaient que la statue ne pouvait être celle d'un autre prince que Philippe de Valois. Ils avaient lu, en effet, dans

le Continuateur de la chronique de Guillaume de Nangis,
et dans des manuscrits de la Bibliothèque royale, que Philippe de Valois, après la victoire de Cassel, était entré
dans l'église de Notre-Dame de Paris, revêtu des mêmes
armes et monté sur le même cheval dont il s'était servi
pendant le combat, pour les offrir à la Vierge, comme il
en avait fait le vœu au moment où les troupes flamandes,
après avoir traversé son camp, vinrent le surprendre
jusque dans sa tente. Le souvenir d'une consécration aussi
extraordinaire était bien digne qu'un monument le trans-
mît à la postérité [1].

Les anciennes stalles dataient du xive siècle. Le maître
autel était placé entre plusieurs colonnes de cuivre réunies
par des barres de fer, auxquelles on appendait des cour-
tines de couleurs diverses suivant les fêtes. Il n'y avait pas
de tabernacle; une pixide supendue au-dessus de la table
renfermait les saintes hosties. En arrière du maître autel,
on en trouvait un second nommé *l'autel des ardents*, ou
de la sainte Trinité, élevé de telle sorte qu'il se voyait des
stalles du chœur par-dessus le premier. On y montait par
deux rampes à balustre de cuivre. Entre les deux rampes,
au-dessous de l'autel, une porte à claire-voie fermait ce
qu'on appelait *le conditoire*, où étaient déposés tous les
objets nécessaires à la célébration des grandes messes.
Une figure de la Vierge en albâtre, parfaitement travaillée,
surmontait *l'autel des ardents*. Au-dessus, un grand corps
de menuiserie enfoncé dans la baie la plus extrême de

[1] Philippe de Valois était aussi représenté à cheval sur la
façade principale de la cathédrale de Sens. Par une singulière
coïncidence, on avait encore dans cette église, comme à Notre-
Dame, imposé le nom de Pierre de Cugnières, avocat du même
prince, à un mascaron grotesque, afin de se venger des atta-
ques de ce légiste contre les immunités ecclésiastiques. Le roi
donna raison au clergé contre ce téméraire personnage.

l'abside, et richement sculpté, contenait, rangées en trois étages, la châsse de saint Gendulphe, celle de saint Severin, solitaire, celle de plusieurs martyrs, celle de saint Germain, évêque de Paris, celle de saint Justin, martyrisé à Louvres en Parisis, celle des compagnes de sainte Ursule, et celle de saint Lucain. La châsse de saint Marcel était posée derrière le maître autel. Ce reliquaire en vermeil, enrichi de pierres précieuses et de perles fines, remarquable par la délicatesse du travail, fut porté à la Monnaie de Paris pour être fondu, le 8 octobre 1792; il pesait quatre cent trente-six marcs, non-compris les écrous, ferrures et plateau. La tradition populaire en attribuait la fabrication à saint Éloi; nous n'avons pas besoin d'ajouter que le saint évêque de Noyon n'en était pas plus l'auteur que de tant d'autres joyaux auxquels on attachait son nom.

Vitraux.

La suppression des vitraux a complétement dénaturé l'aspect de l'église. En 1741 ils existaient encore, et c'est à celui-là même qui en a exécuté la ruine que nous devons quelques renseignements précieux sur leur importance [1]. Pierre Levieil, fabricant de vitraux modernes, et destructeur patenté de vitraux anciens, raconte froidement qu'il eut mission de démonter toutes les verrières de la nef et du chœur de Notre-Dame pour les remplacer par du verre blanc, avec chiffres et bordures fleurdelisées. Voici ce qu'il y trouva : dans le chœur et l'abside, les deux baies ogivales des fenêtres contenaient deux figures colossales, qui portaient au moins dix-huit pieds de haut, représentant des évêques coiffés de la mitre, tenant à la main des

[1] Levieil, *Traité pratique et historique de la peinture sur verre.*

bâtons pastoraux terminés par un simple bouton, au lieu de la crosse ordinaire; le tout au premier trait, largement dessiné. Les draperies de verre coloré en blanc n'étaient relevées que par une espèce de galon ou de frange de couleur d'or. A l'œil-de-bœuf du tympan, le verre était fort épais, recouvert d'une grisaille avec lacis rehaussés de jaune. Une large frise, peinte de diverses couleurs et composée de verres découpés en losange, encadrait les grisailles ainsi que les personnages, et remplissait les interstices des compartiments. Levieil pensait que la plus grande partie de ces vitres dataient au plus tard de 1182; il ajoute même que beaucoup de débris de vitres bien antérieures, provenant sans doute des anciennes basiliques qui avaient précédé Notre-Dame, se rencontraient çà et là confondus dans la grisaille du xiie siècle. Quelques portions de bordures en rinceaux, d'une merveilleuse disposition et d'un éclat très-vif, avaient été refaites au xive siècle. Les fenêtres de la nef étaient aussi garnies de grisailles et de personnages de l'Ancien Testament. Les vitres du fond du sanctuaire, où l'on voyait le Christ entre la Vierge et saint Jean-Baptiste, ont subsisté jusqu'en 1753.

Dans la tribune du chœur, les six fenêtres du rond-point ont été refaites, nous l'avons dit, au commencement du xive siècle. Leur vitrage en verre blanc, sans peinture, composé de compartiments en losanges, à surfaces ondées et raboteuses, fut démonté en 1761 ; il avait été donné par Michel de Darency, chanoine et chapelain de Saint-Ferréol, qui se fit représenter sur une des fenêtres, à genoux, vêtu d'une dalmatique, et tenant dans ses mains un des vitraux tout ajusté. La date de ce don n'est pas connue; mais on sait que Michel de Darency testa en 1358. Levieil assure que le vitrail, donné par Suger à la cathé-

drale de Paris, s'était en partie conservé dans une des
fenêtres de la tribune du chœur, et qu'on le reconnaissait
facilement à sa ressemblance avec certaines verrières des
chapelles absidales de Saint-Denis. Le fond était formé
de ce beau verre bleu, que le xiiᵉ siècle savait si bien
préparer ; les personnages représentaient une espèce de
triomphe de la Vierge.

Quelques chapelles au nord et à l'orient, dans l'enceinte
du chœur, possédaient des vitraux en grisaille , avec
fleurons de couleur du xiiiᵉ ou du xivᵉ siècle. Dans celle
de saint Jean-Baptiste, placée entre les chapelles de Gondi
et de Vintimille, le repas d'Hérode et la décollation de
saint Jean étaient peints sur de petits panneaux; un roi,
Philippe le Bel, et Jeanne de Navarre, sa femme, priaient
agenouillés; ils avaient auprès d'eux les écussons de leurs
armes. On faisait assez de cas, dit Levieil, des vitres
peintes qui remplissaient le haut de la fenêtre de la
chapelle d'Harcourt, ou de Saint-Étienne, ainsi que de
quelques panneaux inférieurs de la même fenêtre, sur
lesquels s'étaient conservés les portraits des donateurs.
Ces vitraux appartenaient à la fin du xviᵉ siècle; on y
admirait un jugement dernier, et tous les ordres de la
hiérarchie céleste rangés autour du Christ.

Ce qui reste aujourd'hui dans les chapelles du chevet
mérite à peine une mention. Quelques armoiries, bordures fleurdelisées et guirlandes, xviiᵉ et xviiiᵉ siècles;
aux sixième et septième fenêtres, à partir du croisillon
nord, les écussons du maréchal et du cardinal de Noailles,
peints par Pierre Levieil ; aux huitième, neuvième et
dixième fenêtres, quelques restes de grisailles et de bordures semées d'aiglettes et de feuillages, xivᵉ siècle ; à la
huitième, deux petits anges tenant la croix, la couronne
d'épines, les clous, et deux autres avec des trompettes ; à

la dixième, un pélican qui nourrit ses petits, toutes ces
dernières figures du xive siècle; à la seizième, le Christ
assis dans le tympan, drapé d'un manteau rouge, montrant
ses plaies, autour de sa tête un nimbe bleu croisé d'or,
même époque; à la dix-neuvième, des morceaux d'anciennes bordures d'un rouge très-vif, et une petite figure
de la Vierge, les pieds sur un croissant, son fils entre les
bras, xvie ou xviie siècle.

Après tout, Notre-Dame a, par un rare bonheur, sauvé
du désastre la partie la plus splendide de ses anciennes
verrières. Ce sont les grandes et magnifiques roses des
trois portails, demeurées intactes jusqu'à ce jour, et dont
rien ne surpasse l'éclat. Par une admirable disposition,
chacune de ces trois roses complète, avec les ressources
de ses combinaisons matérielles et le prestige de ses couleurs, le sens de chacun des trois portails de l'église. A la
rose de l'ouest, la patronne du temple, la Vierge, occupe le
compartiment central, couronne en tête, sceptre à la main;
son bras gauche soutient le Christ, qui bénit. Autour se
rangent en cercle douze prophètes, qui annoncent la gloire
de la Vierge mère et de son fils. Dans les deux cercles qui
s'interposent entre celui des prophètes et la circonférence, les signes du zodiaque et les travaux des mois me-
surent le cours de l'année, qui passe comme une ombre de
l'éternité de Dieu; puis les vertus, coiffées de couronnes,
tenant d'une main les attributs de leur dignité, et de
l'autre une longue lance, combattent avec énergie les
vices, auxquels chaque chrétien doit faire une guerre sans
trêve. Au-dessus de la porte du Cloître, consacrée à la vie
et aux miracles de Marie, la Vierge paraît encore avec son
fils, mais entourée cette fois du nombreux cortège des
patriarches, des juges, des prêtres, des prophètes et des rois,
tous ancêtres du Christ, les uns selon la chair, les autres

selon l'esprit. La rose du midi, qui correspond à la porte des Martyrs, présente, en quatre cercles, le chœur des douze apôtres; une armée d'évêques et de saints personnages de divers ordres, qui tous ont en mains soit les palmes du triomphe, soit les instruments de leur glorieux supplice; des anges leur apportent des couronnes d'or. A la hauteur où ces vitraux se trouvent placés, il est difficile de distinguer bien nettement les attributs de chaque figure. Il y aurait d'ailleurs de la témérité à vouloir nommer tous ces personnages. Mieux vaut attendre le jour où les travaux de restauration du transsept rendront nécessaire l'établissement de grands échafaudages, qui permettront d'approcher des roses et de lire les noms inscrits sur des banderoles dans la plupart des médaillons. On peut distinguer dès à présent, dans la rose du nord, ceux d'Aaron, de Sadoch, d'Achin, de Joas et de plusieurs rois de Juda. Au-dessous de cette rose, dans les compartiments des angles, dont les plus petits contiennent des anges qui encensent, on trouve, en montant sur la dernière galerie, deux scènes des plus curieuses : d'un côté l'Antéchrist, couronne en tête, décapite Énoch et le prophète Élie; dans l'autre médaillon, c'est Dieu lui-même qui sort d'une nuée pour tuer l'Antéchrist, et celui-ci tombe à la renverse. Des légendes viennent ici au secours de l'interprète, en indiquant avec précision les titres de ces sujets rarement représentés, et dès lors très-difficiles à reconnaître. Dans un des médaillons de la rose méridionale, saint Denis porte sa tête à la main. Quelques faits de ce qu'on appelle *le Combat des Apôtres* se sont aussi introduits dans cette dernière rose, parmi les personnages qui la remplissent, entre autres l'arrivée de saint Matthieu en présence du roi Égyptus et le baptême de ce prince converti par le saint apôtre. Le Christ était

certainement assis sur un trône, au centre de la même
rose, au milieu de ses apôtres et de ses martyrs. Mais
après les restaurations exécutées dans cette partie de
l'église par les soins du cardinal de Noailles, lorsque Guillaume Brice remit en plomb neuf, suivant l'ordre primitif,
tous les vitraux de la rose, le peintre verrier, Michu, fut
chargé de peindre, en 1726, les armoiries du prélat, qui
ont occupé la place centrale et qui s'y sont maintenues
jusqu'à présent. La rose occidentale a subi quelques pertes
et quelques raccommodages fâcheux ; les vitraux, retirés
pendant les travaux de réparation du grand portail, viennent d'être remontés après avoir été soigneusement réparés. Les deux roses du transsept sont intactes. A peine
sera-t-il nécessaire d'y rapporter quelques rares morceaux
pour combler les lacunes causées par le temps. Nous
avons seulement parlé des figures si nombreuses et si
intéressantes qu'elles contiennent. Mais les fonds vigoureux
et les rinceaux qui s'enlacent autour des médaillons, ne
sont pas moins dignes d'étude et d'admiration. Les trois
roses sont contemporaines des façades qu'elles décorent ;
tout concourt à le prouver : unité de style, similitude
d'exécution, relation intime dans le choix et la composition des sujets.

Sépultures ; tombeaux.

Les nefs, le chœur et les chapelles de Notre-Dame
étaient autrefois pavés de pierres tombales ; on y lisait
les inscriptions, on y contemplait les effigies gravées
des personnages les plus illustres de l'Église et de l'État.
Dans quelques lieux privilégiés, des monuments s'élevaient
au-dessus du sol, et portaient des statues de marbre, de
pierre ou de bronze. C'était un émouvant et solennel

spectacle que celui de tous ces morts déposés là jusqu'au dernier jugement. Comme le chantait Dante, au XIIe livre de son *Purgatoire* : « Les tombes construites au pavé des églises montrent le portrait des ensevelis, tels qu'ils étaient jadis afin que leur mémoire demeure, si bien qu'on se prend maintes fois à pleurer, tout poigné par ce souvenir, qui ne fait sentir son aiguillon que dans les cœurs pieux. » Les architectes du roi Louis XIV furent les premiers à porter la main sur les sépultures du chœur pour substituer aux tombes des évêques et des grands de la terre un carrelage de marbre, dont la riche contexture n'est faite que pour la distraction des yeux. La simple nomenclature des personnages dont les cendres furent troublées et les monuments à jamais détruits, en dira plus que toutes nos paroles. On fit alors avec une certaine apparence de respect et de convenance, ce que firent plus tard les révolutionnaires dans l'accès de la fureur. Chacun des personnages dont les noms suivent, avait dans le chœur son effigie ou son épitaphe. Princes et princesses : Philippe, archidiacre de Paris, fils du roi Louis VI, 1161 ; Geoffroy, duc de Bretagne, fils du roi d'Angleterre, 1186 ; Isabelle de Hainaut, première femme de Philippe-Auguste, 1189 ; Louis de France, dauphin, fils de Charles VI, 1415 ; Louise de Savoie, mère de François Ier, 1531 (son cœur) ; le roi Louis XIII, 1643 (ses entrailles).—Évêques de Paris : Eudes de Sully, 1208 ; Étienne II, dit Tempier, 1279 ; le cardinal Aymeric de Magnac, 1384 ; Pierre d'Orgemont, 1409 ; Denis Dumoulin, patriarche d'Antioche, 1447.— Archevêques de Paris : Pierre de Marca, 1662 ; Hardouin de Péréfixe 1671 ; François de Harlay, 1695 ; enfin un archevêque de Sens, qui était en même temps grand aumônier de France, Renaud de Beaune, mort en 1616. Des procès-verbaux, dressés au moment même de la dé-

molition des tombeaux, révèlent une foule de faits curieux
sur l'état des sépultures et sur les objets précieux qu'on y
recueillit. De 1771 à 1775, tout le sol de la nef, de ses bas
côtés, du transsept et des collatéraux du chevet fut
réparé en grands carreaux de marbre blanc et bleu.
Cette opération, qui occasionna une dépense de plus
de trois cent mille livres, entraîna la destruction des
innombrables pierres tombales qui composaient l'ancien
dallage et qui portaient presque toutes des effigies gravées
en creux[1]. On débita ces pierres pour en tirer parti; il
s'en rencontre des fragments jusque sur les terrasses des
chapelles et sur les galeries des tours. Quelques débris en
ont été aussi retrouvés dans des tas de décombres. Les
seules inscriptions à peu près complètes qu'on ait pu ras-
sembler, sont celles de Jean Deslandes, chanoine de
Notre-Dame, conseiller maître en la chambre des comptes
de Paris, mort en 1437, et du chapelain, Pierre Bonny,
qui fonda en 1562, des prières pour le repos de son âme
et pour le salut de son oncle, André Bérard. Pierre Bonny
est représenté assisté de saint Pierre, son patron, et priant
une Vierge de pitié.

De toutes les statues d'évêques autrefois si nombreuses
à Notre-Dame, il ne reste plus que l'effigie en marbre de
Simon Matiffas de Bucy, mort en 1304. Arrachée du
tombeau qui la supportait, au commencement de la révolution, elle fut reléguée dans une cave de la sacristie, d'où
elle n'est sortie que depuis peu de temps. Elle sera bientôt
réintégrée dans la chapelle que Matiffas fonda au rond-
point de l'abside. Une grande tombe de pierre sculptée en
relief, autrefois placée dans une des chapelles du chœur,

---

[1] Quelques tombes de cuivre avaient été déjà fondues plusieurs années auparavant, et le métal avait servi à la confection
du lutrin.

sur la sépulture d'Étienne Yver , licencié en droit canon,
chanoine de Paris et de Rouen, archidiacre du pays de
Caux, conseiller au parlement, mort le 24 février 1467,
s'est aussi conservée presque sans mutilation, et se voit
aujourd'hui sous la tour du nord, à l'entrée du collatéral
de la nef. Le travail n'est pas des meilleurs ; mais la composition offre quelque intérêt. Au bas de la dalle, le chanoine est étendu sur un sépulcre, livré en pâture aux vers.
Un peu plus haut, il sort à moitié du tombeau, les mains
jointes, assisté de son patron, saint Étienne, et de saint
Jean l'Évangéliste. Plus haut encore, dans une gloire flam-
boyante , entourée d'anges, apparaît le Christ assis, à
moitié nu, le front couronné d'épines, les épaules couvertes
d'un manteau, les pieds posés sur le globe du monde ; sa
main droite bénit ; sa gauche tient un livre ouvert ; son
nimbe est croisé ; deux épées lui sortent de la bouche.
Des inscriptions latines se lisent sur les deux tombeaux,
sur une banderole qui part de la bouche du chanoine
ressuscité , sur le livre du Christ, et dans la partie supérieure de la pierre. Ce sont, avec l'épitaphe du défunt, des
textes pieux extraits des livres saints.

Tous les autres monuments funéraires de Notre-Dame
ont été détruits ou du moins enlevés de l'église, à l'exception du mausolée du comte d'Harcourt, et de l'épitaphe
sur marbre blanc du célèbre archevêque Christophe de
Beaumont, mort en 1781. Henri-Claude d'Harcourt, lieu-
tenant général des armées du roi, mourut en 1769. Sa
veuve lui fit sculpter un monument de marbre par Pigalle.
C'est un groupe de très-mauvais goût ; le défunt, à la voix
de sa femme, soulève la pierre de son tombeau et s'efforce
de se débarrasser de son linceul ; mais la mort, représentée par un affreux squelette, refuse de rendre sa proie.

Le musée des Petits-Augustins avait recueilli les statues

agenouillées en pierre peinte de Jean Juvénal des Ursins, chevalier, baron de Trainel, conseiller du roi, mort en 1431, et de sa femme, Michelle de Vitry, qui lui survécut vingt-cinq ans ; un grand et précieux tableau du même temps, représentant une fois encore ces deux personnages, et tous leurs enfants ; les mausolées avec effigies en marbre d'Albert de Gondi, duc de Retz, maréchal de France, et de son frère, Pierre, cardinal de Gondi, évêque de Paris, morts, le premier en 1602, le second en 1616 ; une longue inscription moderne à la mémoire des derniers descendants de Juvénal des Ursins ; un squelette en albâtre, originairement placé au cimetière des Innocents. C'est au musée historique de Versailles qu'il faut aller aller chercher maintenant les statues des deux Gondi et celles de la famille des Ursins. Le squelette est resté à l'École des beaux-arts établie sur l'emplacement de l'ancienne maison des Petits-Augustins ; le marbre de l'inscription que nous venons de citer a été employé comme revêtement dans les bâtiments neufs. Enfin, le tableau qui représente, agenouillés dans une galerie gothique, Juvénal des Ursins, Michelle de Vitry, leurs quatre filles et leurs sept fils, parmi lesquels un évêque de Laon, un chancelier de France et un archevêque de Reims, a été jugé digne des honneurs du Louvre ; il a pris rang parmi les plus anciens modèles de la peinture française.

Deux monuments ont été consacrés dans les chapelles absidales aux archevêques Antoine-Éléonor-Léon Leclerc de Juigné, mort en 1811, et Jean-Baptiste, cardinal de Belloy, mort en 1808. Dans le croisillon septentrional, au pied de l'autel de Saint-Marcel, une inscription indique le lieu où repose le cœur de l'archevêque Alexandre-Angélique, cardinal de Talleyrand-Périgord, qui mourut en 1821. En ce moment même, M. Auguste de Bay sculpte, dans une des chapelles du chevet, située entre les deux entrées de la sacristie neuve, le mausolée que l'Assemblée nationale vota, en 1848, avec acclamation, pour honorer à jamais le dévouement de Mgr. Denis-Auguste Affre, tombé si glorieusement au milieu des barricades du faubourg Saint-Antoine, martyr de son zèle apostolique.

Une crypte fort petite fut creusée en 1711, vers le milieu du chœur, pour servir de sépulture commune aux archevêques. Les mausolées, érigés aux derniers prélats dans les chapelles, n'étaient que des cénotaphes. Nous avons dit ailleurs comment on découvrit, en préparant le caveau sépulcral, les antiques autels des Nautes parisiens. Les quatre archevêques dont nous avons cité les monuments dans le paragraphe qui précède, reposent ensemble dans cette crypte. Hyacinthe-Louis de Quélen, de vénérable mémoire, mort en 1839, y fut également inhumé : mais rien jusqu'à présent ne rappelle son souvenir dans cette église où il a siégé si longtemps au milieu de circonstances si difficiles. Le caveau des archevêques est d'une très-petite étendue et d'une disposition incommode; il sera prochainement agrandi. Nous sommes persuadés qu'on retrouvera sous le pavé du chœur une foule de débris précieux, quand on l'aura enlevé pour fouiller le sol.

Au seuil de la plupart des chapelles, on remarque des entrées de caveaux fermés par des dalles. Quelques-uns de ces souterrains contiennent encore des ossements, entre autres ceux des chapelles d'Harcourt et des Ursins. En 1766, une vaste crypte fut disposée pour les chanoines, sous le sol de la nef, depuis le pied des tours jusqu'au transsept. Trois trappes de bois, autrefois recouvertes de cuivre, en marquent les ouvertures sous les arcs latéraux [1].

---

[1] Voir, pour tous les anciens monuments funéraires de Notre-Dame, en textes et dessins : à la Bibliothèque impériale, le

On y précipita, en 1793, une quantité de décombres, parmi lesquels il pourra se trouver des choses intéressantes.

Trésor.

Le trésor de Notre-Dame était autrefois célèbre par sa magnificence. Les évêques, les rois, les personnages les plus illustres de l'État l'avaient enrichi successivement d'une foule d'objets du plus grand prix. On y comptait, en 1763, quatre bustes et deux images en vermeil, or et pierreries; un livre d'épîtres relié en vermeil; six reliquaires de même matière et trois autres en argent; deux grands reliquaires en or; cinq châsses de vermeil; quatre crosses; une armoire pleine de chandeliers de vermeil; six croix de vermeil; une croix d'or attribuée à saint Éloi, et une d'argent; trois vases de vermeil et trois d'argent; sept calices en vermeil, un en or; deux grands calices en argent; trois burettes en vermeil; un grand ciboire en argent; deux paix en vermeil; un soleil de vermeil et un d'argent; deux encensoirs d'argent; une baguette de vermeil; un bâton cantoral en vermeil; un réchaud d'argent à placer sur l'autel pendant l'hiver; un tombeau d'argent pour le jeudi saint; un bras en vermeil, et bien d'autres vases ou reliquaires dont l'énumération nous mènerait trop loin. Le plus grand nombre de ces objets n'était pas antérieur au XVIᵉ siècle; mais il y en avait aussi de beaucoup plus anciens [1]. On peut imaginer ce que devint le trésor à l'époque de la dévastation des

Recueil des épitaphes de la ville de Paris; un Travail descriptif par Charpentier. Aux Archives de l'empire, une collection de planches très-complète et bien exécutée.

[1] *Annales archéologiques*, t. III.

églises. Quand le culte fut rétabli, le gouvernement fit restituer à l'archevêque quelques objets qui avaient été conservés comme des raretés dans les dépôts publics. En 1831, de nouveaux orages vinrent menacer le peu qui avait échappé à la première tourmente. L'archevêque et le chapitre prirent alors le parti de déposer en mains sûres, dans diverses communautés religieuses, ou même chez des particuliers, les reliques et les vases sacrés. Aujourd'hui, tous ces monuments respectables de la foi de nos pères ont repris la place qui leur convient, dans une salle préparée pour les recevoir à l'étage supérieur de la sacristie neuve. Nous signalerons dès aujourd'hui à la vénération et à la curiosité de nos lecteurs la sainte couronne d'épines de Notre-Seigneur, en l'honneur de laquelle saint Louis construisit la Sainte-Chapelle; le saint clou qui appartenait à l'abbaye de Saint-Denis; la croix d'or de l'empereur Manuel Comnène, xiiᵉ siècle, que la princesse Anne de Gonzague légua, en 1683, aux moines de Saint-Germain des Prés; deux calices en vermeil, du xiiiᵉ siècle; la relique de la vraie croix envoyée en 1109, à Galon, évêque de Paris, par Anseau, chantre de l'église du Saint-Sépulcre à Jérusalem; la crosse en bois et cuivre de l'évêque Eudes de Sully; le crucifix que tenait saint Vincent de Paul, lorsqu'il assista le roi Louis XIII, au moment de la mort; la discipline de saint Louis; plusieurs fragments d'étoffes qui passent pour avoir fait partie d'un vêtement de ce prince; un sac de soie tissu d'or, une ceinture de lin rehaussée d'ornements de couleur, et d'autres linges qui lui auraient aussi appartenu. Les objets anciens réintégrés dans le trésor et les dons faits à l'église depuis le concordat formaient déjà une collection d'une valeur considérable, lorsqu'ils furent dispersés. Nous souhaitons que leur rentrée à Notre-Dame soit pour l'insigne cathédrale le commencement d'une ère nouvelle de gloire et de prospérité. Puisse-t-elle voir renaître les anciens jours de foi et de grandeur, en même temps que, par les soins du gouvernement, les artistes de notre époque lui rendent son antique parure, effaçant de toutes parts les outrages du temps et des hommes.

FIN

PARIS. — IMPRIMÉ CHEZ BONAVENTURE ET DUCESSOIS.

L'ouvrage complet, divisé en 80 livraisons, formera deux gros volumes in-8° d'environ 530 pages chacun.

Toutes les gravures seront exécutées sur les dessins de M. Viollet-le-Duc ou sous sa direction.

Prix de la livraison, composée de 16 pages, avec gravures sur bois, intercalées dans le texte, et d'une ou deux planches sur acier ou coloriées :

1 FR. 50 CENT. — PAR LA POSTE, 1 FR. 65 CENT.

Édition de luxe tirée à cent exemplaires numérotés de 1 à 100, sur papier jésus grand in-8°.

Prix de la livraison : 2 fr. 50 c., et par la poste, 2 fr. 70 c.

Il est publié deux livraisons par mois.

La première a paru le 1er avril 1855.

ESSAI SUR L'ARCHITECTURE MILITAIRE
AU MOYEN AGE
Par M. Viollet-le-Duc.

1 vol. grand in-8°, de 250 pages environ, illustré de 153 gravures sur bois, imprimé sur papier jésus vélin. Tirage à 500 exemplaires.

Prix, broché . . . . 25 fr.

DESCRIPTION ARCHÉOLOGIQUE
DES MONUMENTS DE PARIS
Par M. F. de Guilhermy
Membre du Comité de la langue, de l'histoire et des arts de la France, et de la Commission des édifices religieux.

Un vol. in-12 de 400 pages, orné de 15 vignettes sur acier et de 22 gravures sur bois et d'un plan de Paris. Prix . . . . 6 fr.

DESCRIPTION DE LA VILLE DE PARIS
AU XVe SIÈCLE.
Par Guillebert de Metz.

Publié pour la première fois, d'après le manuscrit unique par M. LEROUX DE LINCY. 1 vol. in-12 . . . . 5 fr.

PARIS DÉMOLI, par EDOUARD FOURNIER. Préface de M. THÉOPHILE GAUTIER. Deuxième édition. 1 vol. in-12. — Prix . 3 fr. 50 c.

ENCYCLOPÉDIE D'ARCHITECTURE
JOURNAL MENSUEL

Contenant 120 planches gravées, dessinées par M . VICTOR CALLIAT,
architecte Un texte de 192 colonnes in-4°, rédigé par M . ADOLPHE
LANCE, architecte.

L'Encyclopédie d'Architecture, publiée sous le patronage des
Artistes les plus éminents, est arrivée à la sixième année de sa
publication.

*L'Encyclopédie d'Architecture est le seul recueil de ce genre qui
ait jamais paru à des conditions aussi modérées.* Pour un prix ex-
trêmement modique, eu égard à l'importance de cette publication
et aux services qu'elle est susceptible de rendre , on peut avoir à
chaque instant sous la main une collection nombreuse et variée de
planches exécutées avec un soin et une exactitude extrêmes,
c'est-à-dire pour les élèves un choix de modèles à étudier ou à
suivre, et pour les maîtres un recueil utile à consulter.

L'Encyclopédie d'Architecture paraît le 1er de chaque mois, par
livraison de dix planches gravées par les premiers artistes, avec
texte de 16 colonnes in-4°.

Les abonnements partent du 1er janvier et du 1er juillet.

PRIX D'ABONNEMENT :

Un an : 120 planches et texte . . . . 25 fr.
Six mois : 60 planches et texte . . . . 13 fr.
La troisième année, avec supplément, 140 planches et
    texte . . . . 30 fr.
Une année complète pour les non-souscripteurs, 5 fr. en sus du
    prix marqué.
Prix du portefeuille pour chaque année, 75 c.

PARALLÈLE DES MAISONS DE PARIS construites depuis 1830
jusqu'à nos jours, dessiné et mesuré par M. VICTOR CALLIAT, architecte, auteur de l'ouvrage sur l'*Hôtel de Ville de Paris.* 126
planches avec texte, 1 vol. in-folio, cartonné. Prix : 100 fr.

CHOIX DES PLUS JOLIES MAISONS DE PARIS et de ses
environs, Édifices et Monuments publics, par KRAFFT et THIOLLET.
1 vol. gr. in-fol., 248 pl. avec texte.— Prix : 50 fr.

PETITES MAISONS DE VILLE ET DE CAMPAGNE choisies
dans les quartiers neufs de la capitale, et aux environs de Paris,
par DUVAL, KAUFMANN, RENAUD et autres architectes. 1 vol. in-fol.,
60 pl. et texte.— Prix : 20 fr.

MAISONS DE CAMPAGNE, Habitations rurales, Châteaux, Fermes, plans et décorations de Jardins de France, d'Angleterre et d'Allemagne, par Krafft, architecte. 1 vol. gr. in-fol., 292 pl. avec texte.— Prix : 80 fr.

FERMES-MODÈLES, Recueil de constructions rurales, par Roux aîné, architecte ingénieur. 1 vol. in-fol., 60 pl. avec texte.— Prix : 20 fr,

HOTEL DE VILLE DE PARIS, par Victor Calliat, architecte. Ouvrage précédé d'un texte historique et descriptif, par Leroux de Lincy. 33 pl. avec texte, formant 1 vol. gr. in-fol. — Prix : 110 fr.

ÉGLISE SAINT-EUSTACHE A PARIS, par Victor Calliat, architecte. Cette église, bâtie à la même époque que l'Hôtel de Ville de Paris, est le premier exemple dans notre capitale d'un édifice où l'on ait marié l'architecture gothique à celle de la Renaissance. 12 pl. gr. in-fol avec texte. — Prix : 25 fr.

MONUMENTS HISTORIQUES (De la conservation des), par M. A. R In-8º de 2 feuilles et demie (39 pages). — Prix : 1 fr.

DES VOIES PUBLIQUES et des Habitations particulières à Paris, par Ch Gourlier, architecte.— Prix : 2 fr.

NOTICE sur la vie et les travaux de M. Achille Leclere, par Adolphe Lance, architecte.— Prix : 1 fr.

ABEL BLOUET. Sa vie et ses travaux, par Adolphe Lance, architecte. — Prix : 1 fr. 25 c.

NOTICE sur la vie et les travaux de M. Le Tarouilly, architecte, par Adolphe Lancé.— Prix : 1 fr.

ANTIQUITÉS D'ATHÈNES et de l'Attique, par Stuart Revelt et Hittorff, architectes. Édition de 1855. 251 planches in-folio imprimées sur beau papier, et 388 pages de texte. 5 tomes en 3 vol. in-folio, cartonnés.— Prix : 150 fr.

ASSAINISSEMENT DES HABITATIONS, *Rapport fait au Conseil de la Société centrale des architectes* au nom d'une commission chargée d'étudier les moyens propres à assurer *l'assainissement des habitations*, par M. Adolphe Lance. Deuxième édition In-8º de 70 pages.— Prix : 1 fr. 25 c.

LES PROPORTIONS DU CORPS HUMAIN, par Gérard Audran. Édition originale. 30 planches et texte in-folio.— Prix : 9 fr.

NOUVEAU CATALOGUE très-détaillé de tous les ouvrages d'architecture, peinture, sculpture et mécanique, adressé à toutes les personnes qui en font la demande *franco*.

Paris.—Imprimé chez Bonaventure et Ducessois. 55, quai des Gr.-Augustins.

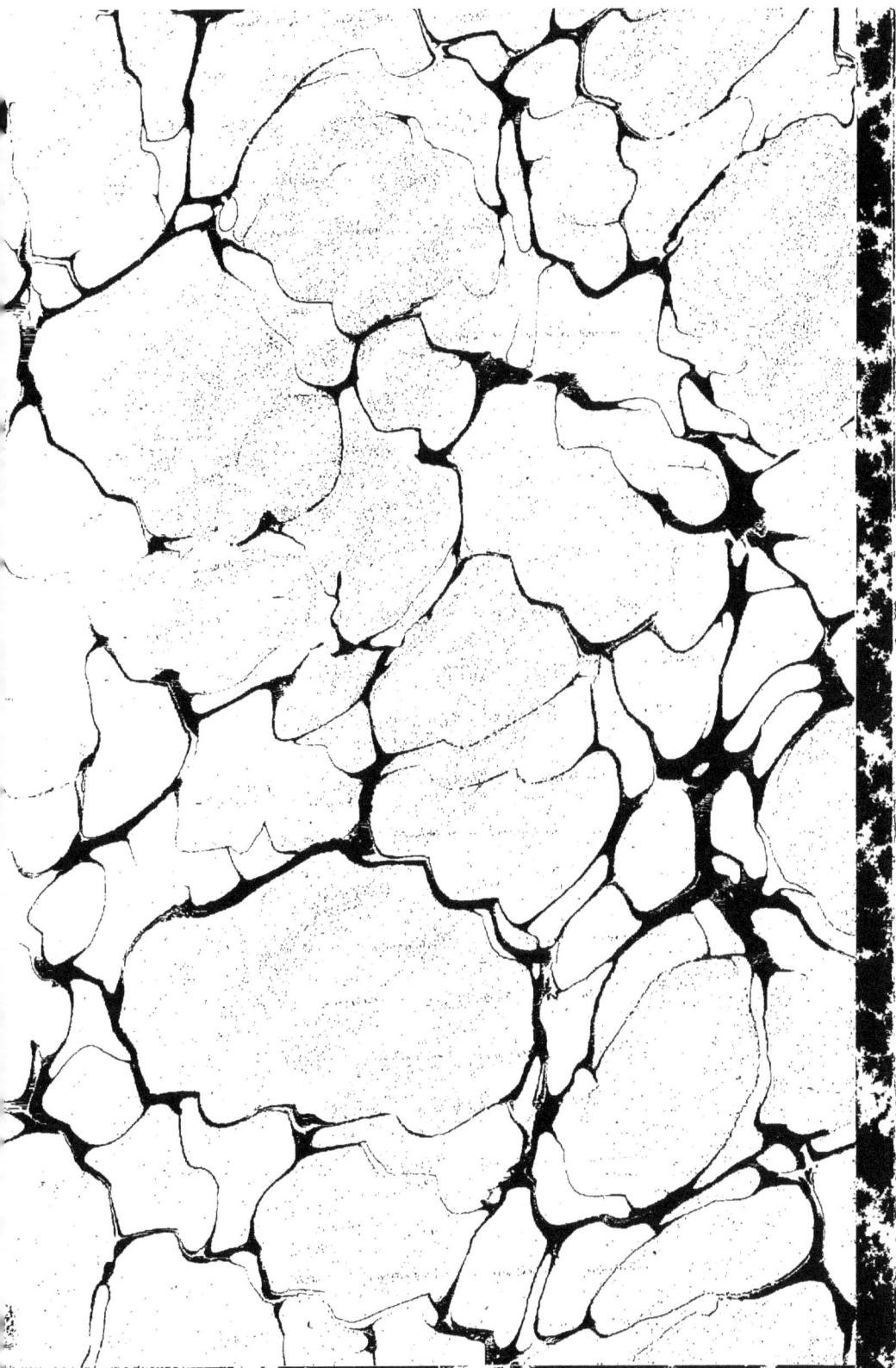

www.ingramcontent.com/pod-product-compliance
Lightning Source LLC
Chambersburg PA
CBHW052344090426
42739CB00011B/2316